자연 속에서 창의성과 감수성이 풍부해지는

세상에서 제일 위대한 사계절 자연물 놀이

헬로숲 박채원, 이아영 지음

슬로래빗

서문

가장 가까운 친구이자
위대한 선생님인 자연을 만나요

　이 책을 함께 쓴 두 엄마는 캐나다에서 처음 만났어요. 둘 다 한국에서 유아교육을 전공하고 직장에 다니다 캐나다에 있는 프리스쿨에서 선생님으로 일하게 되면서 만났답니다. 요즘은 한국도 유아 중심, 놀이 중심으로 교육의 방향이 변화하고 있지만, 저희가 캐나다에 있을 때만 해도 한국과 캐나다의 교육 방식엔 매우 큰 차이가 있었어요.

　캐나다는 아이들의 개별성을 존중해요. 같은 나이라도 아이의 능력과 흥미에 맞춰 경험을 제공하기 때문에 각자의 속도로 발전할 수 있고, 자신만의 목표와 관심사를 키워 나가기 좋은 환경이랍니다. 창의력을 중요하게 생각하고, 결과보다 과정을 중시하며, 놀이를 통해 자연스럽게 학습이 일어나도록 하지요.

　다른 무엇보다 저희에게 영향을 준 건, 캐나다 아이들은 자연과 함께 자라난다는 점이에요. 비가 오거나 눈이 오거나 머디버디(Muddy Buddy)라고 하는 일체형 우비와 장화를 신고 늘 바깥 놀이를 나간답니다. 밖에 나가지 못하는 유일한 날은 근처에 곰이 나타나 경보가 발동할 때일 정도지요.

　어느 날은 조(Zoe)의 옷이 바깥에서 놀다가 더러워졌는데, 조의 아빠는 아이를 보자마자 "옷을 보니 정말 즐거운 하루를 보낸 것 같구나." 하고는 "즐거운 하루를 만들어 주셔서 감사합니다." 말씀하셨어요. 한국에서 유치원 교사 시절에 비슷한 일을 두고 "아이 옷이 더러워져서 죄송합니다."라고 부모님께 사과했던 기억이 있었기에 놀랍기도 했지요.

　한국으로 돌아와 결혼하고 아이를 낳아 키우면서 캐나다에서의 추억을 살려 자연물 놀이를 시작했어요. 숲에 간 첫날, "안녕, 숲아!" 하고 인사하는 아이들의 모습을 보고, '헬로숲'이라는 이름이 탄생했답니다.

　아이들은 자연 속을 뛰놀며 작은 들꽃 하나, 나비의 날갯짓 하나도 지나치지 않고 주의 깊게 살펴보았어요. 자연스레 관찰력과 집중력이 생겼고, 생명의 소중함을 배웠어요. 지온이는 둥지에서 떨어진 아기새를 구조해 어미새의 마음으로 키우기도 했어요. 그 무렵 지온이의 그림엔 항상 새가 등장했답니다.

　태준이는 씨앗을 심어 싹을 틔우고 열매를 수확하기까지의 모든 과정을 경험하며, 인내를 배우고 성취감을 느끼기도 했어요. 또한, 집에서 키운 상수리나무를 산에 옮겨심으며, 자연에서 얻는 모든 것에 감사하고 자연을 더욱 소중히 여기게 되었어요.

　아이들은 자연물을 활용한 다양한 놀이를 통해 오감으로 계절의 변화를 느끼고, 자연의 섭리를 배웠어요. 이제는 자연 속에 자신만의 작은 세상을 만들고, 상상력과 창의력이 돋보이는 이야기를 수없이 만들어 내곤 해요. 지온이가 땅콩으로 만든 새와 압화로 동물을 표현한 그림은 볼수록 놀랍답니다.

　장난감 없이도, 특별한 것 없이도 자연 속에서 얻은 작은 보물들로 우리만의 특별한 자연물 놀이를 즐겼어요. 자연은 아이들에게 가장 가까운 친구이자 위대한 선생님이 되어 주었답니다.

　자연 속에서 보낸 시간은 아이들만 변화시킨 게 아니었어요. 아이와 놀이했던 자연물을 계절을 돌아 다시 만날 때면, 아이와 같은 추억을 떠올리며 마음이 따뜻해져요. 아이들과 자연에서 함께한 모든 순간이 소중한 선물이었지요.
　너무나도 행복하고 감사하게도 헬로숲의 놀이가 많은 사랑을 받게 되면서 이렇게 자연물 놀이의 아름다움과 중요성을 전할 수 있게 되었어요. 먼저 자연물 놀이를 책에 담는 데 도움을 주신 슬로래빗 출판사에 감사드립니다. 시간이 흘러 아이들이 자신들의 아이들과 함께 자연 속에서 보석 같은 추억을 만들어 나가길 바라며, 태준이와 지온이에게 이 책을 선물합니다.

　많은 아이들이 자연과 더불어 공존하며 현명하고 지혜롭게 자라나길 바라며.

헬로숲 박채원, 이아영

자연물 놀이가 궁금해요!

Q1. 자연물 놀이를 하면 어떤 점이 좋은가요?

첫째, 자연에는 아이들이 호기심을 갖고 탐구할 수 있는 것들이 무궁무진해요. 구석구석을 탐색하며 **관찰력**과 **집중력**이 향상된답니다. 둘째, 자연에서 만나는 모든 것들이 놀잇감이 될 수 있어요. 비구조화된 자연물을 활용한 놀이로 **창의성**과 **유창성**, **독창성**을 키울 수 있답니다. 셋째, 자연의 변화에 관심을 갖고 자연을 이해하고 존중하면서 **생태 감수성**과 **환경친화적 태도**를 기를 수 있어요. 오늘날 이슈가 된 **기후 위기나 환경 오염에 대한 교육**도 자연 속에서 자유롭게 뛰놀며 호흡하는 속에서 자연스럽게 이루어진답니다.

Q2. 숲에서 놀이할 때 지켜야 할 원칙이 있을까요?

숲에 나가면 어떤 일이 일어날 것 같은지, 그런 상황에서는 어떻게 해결하면 좋을지 등을 아이들과 이야기 나누어 보세요. 숲의 모든 생명을 존중함과 동시에, 안전하고 즐겁게 놀이할 수 있도록 '숲놀이 약속'을 함께 정하면 좋답니다.

헬로숲의 숲놀이 약속

* 식물, 동물, 곤충을 함부로 만지지 않아요.
* 동물, 곤충에게 돌멩이를 던지지 않아요.
* 떨어진 자연물을 이용해 놀이하고, 채집이 필요한 경우 개수를 정해요.
* 채집해도 되는 장소와 그렇지 않은 장소를 정해요.
* 숲에 있는 식물(열매, 꽃, 풀 등)이나 버섯은 먹지 않아요.

* 어른들이 보이는 곳에서 놀이해요.
* 나뭇가지를 들고 뛰어다니거나 휘두르지 않아요.
* 낙엽이 쌓인 곳, 물웅덩이, 연못에서 놀기 전에 안전을 확인해요.
* 몸을 다치거나 몸 상태가 이상하면 어른에게 바로 알려요.
* 혼자 길을 잃어버리면 그 자리에 멈춰 서서 큰 소리로 도움을 요청해요.

Q3. 숲으로 나갈 때 무엇을 챙겨야 하나요?

아이들과 야외로 나들이 갈 때 기본적으로 필요한 것들은 다 준비해 주셔야 해요. 계절에 맞는 복장, 미끄럽지 않은 신발, 장갑이나 목 뒤까지 덮이는 모자 등 안전을 위한 소품을 준비해요. 휴지, 물티슈, 손수건, 물 등 기본 물품도 챙기고, 쓰레기를 담아 올 수 있도록 비닐봉지도 필요하겠지요. 숲을 가깝게 느끼고 싶은 헬로숲의 가족들에게 추천하는 준비물은 다음과 같아요.

관찰 도구
자연물을 자세히 관찰할 수 있도록 루페, 돋보기나 휴대용 현미경을 준비해요.

채집 도구
자연물을 채집할 채집망과 핀셋, 채집통 등을 준비해요. 채집통이 없으면 지퍼백도 괜찮아요.

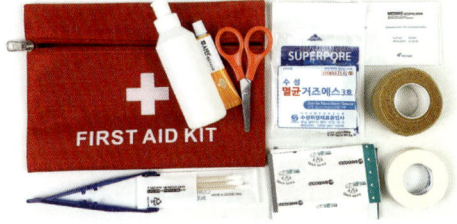

비상 약품
소독약, 상처 연고, 밴드 등, 비상 상황에 사용할 수 있는 약품을 준비해요.

이 밖에도 가위, 테이프, 양면테이프, 눈코입 스티커 등 간단한 도구를 준비하면, 야외에서도 자연물을 이용해 미술 놀이를 할 수 있답니다.

Q4. 안전사고의 종류와 대비책이 궁금해요.

봄가을은 벌이 활발히 움직이는 시기예요. 바닥에 떨어진 벌을 죽은 줄 알고 만졌다가 벌에 쏘이는 경우가 간혹 있답니다. 향이 진한 화장품, 달콤한 음료수나 과일 등은 벌을 유인할 수 있으니 주의해 주세요. 말벌은 특히 천적과 비슷한 색인 검은색과 빨간색에 공격성을 보이니 밝은색 옷을 입는 게 좋아요. 꼭 말벌 때문이 아니어도 진드기 등의 해충이 옷에 붙을 때 눈에 잘 띄면 좋겠지요.

나뭇가지에 긁혀 상처를 입거나 바닥에 넘어지면서 밤송이 등의 가시에 찔리는 경우도 조심해야 해요. 독성이 있는 식물을 접촉해 피부에 독이 오르는 경우도 있어요. 긴 소매와 긴 바지, 장갑과 모자를 착용해 피부 노출을 최대한 줄이면 이런 사고들을 방지하거나 피해를 줄일 수 있답니다.

Q5. 식물이나 곤충 이름을 모를 때는 어떻게 해야 하나요?

아이들이 식물이나 곤충 이름을 궁금해할 때가 종종 있는데, 이름을 몰라도 당황할 필요 없어요. "이름이 무엇일까? 함께 알아볼까?"라고 한 뒤, 검색 포털(구글, 네이버, 다음 등)의 렌즈 기능을 이용하거나 전문 앱으로 함께 찾아보면 된답니다.

모야모
꽃, 나무 등 식물 이름 찾기

Picture Bird
새 이름 찾기

Picture Insect
곤충, 거미 이름 찾기

Q6. 식물 채집할 때 어떻게 해야 하나요?

요즘은 거의 사라졌지만, 예전엔 식물 채집이 초등학교 여름방학 단골 숙제였지요. 식물 채집이 낯선 우리 아이들에게 식물 채집을 어떻게 이야기해야 하는지, 방법은 무엇인지에 대해 질문을 많이 받았어요. 몇 가지 유의사항을 말씀드릴게요.

첫째, 식물을 채집할 수 있는 장소와 그렇지 않은 장소를 구분하는 것이 중요해요. 식물원, 전시회 등의 장소에 있는 식물들은 마음대로 채집하면 안 돼요. 여기서 중요한 것은 "꽃이 아파해!",

"나뭇잎을 따면 나쁜 아이야.", "저기 아저씨가 혼낸다!" 라는 식으로 아이들에게 죄책감을 심어 주는 방식은 삼가고, 식물 교육이나 보존, 전시를 위한 공간임을 설명해 주세요.

둘째, 식물 채집이 가능한 장소라도 떨어진 자연물을 우선 활용하고, 채집이 필요한 경우에는 최소한의 개체만 채집해야 해요. 얼마만큼을 어떻게 채집할지 함께 이야기 나누며 아이 스스로 적당한 개수를 결정할 수 있도록 돕고, 자연이 준 소중한 선물에 고마움을 느끼도록 지도해 주세요.

셋째, 뿌리째 뽑거나 중심 줄기를 꺾는 것은 최대한 피하고, 곁가지에서 채집하여 식물의 성장에 방해되지 않도록 해요. 해가 잘 비치지 않는 부분의 잎이나 가지를 떼어 주면 가지치기의 효과도 있답니다.

Q7. 연계 그림책은 어떻게 활용하면 좋을까요?

각 놀이에는 연계해서 읽으면 좋을 그림책을 소개하고 있어요. 놀이를 시작하기 전에 읽으며 놀이 소재가 되는 자연물에 친숙해지고, 놀이를 더욱 풍부하게 즐기는 데 도움이 된답니다. 그림책을 보며 자유롭게 이야기 나눠도 좋아요. 엉뚱한 질문과 장난스러운 대답도 괜찮아요. 그림책은 자연만큼이나 아이들 상상력과 창의력 발달에 좋답니다. 숲에 가서 그림책을 읽는 것도 추천해요. 자연에 대한 관심과 사랑을 더욱 키울 수 있답니다.

Q8. 본문의 QR코드는 무슨 용도인가요?

준비물에 있는 QR코드를 스캔하면 놀이에 사용할 도안을 내려받을 수 있어요. 자연물을 붙이거나 도장을 찍거나 입체로 만드는 등에 활용되는 만큼, 도안을 출력할 때는 일반적으로 사용하는 두께(75~80g)보다 도톰한 종이(120g 이상 추천)를 사용하는 게 좋아요. 놀이 방법 쪽의 QR코드로는 아이가 놀이하는 모습이나 준비하는 과정을 영상으로 확인할 수 있답니다.

Q9. 준비물에 표시된 '헬로숲 스마트 스토어'는 무엇인가요?

헬로숲이 아이들과 자연물 놀이를 하면서 잘 활용했던 것 중 일부는 직접 판매하고 있어요. 검색창에서 '헬로숲 스마트 스토어'를 검색하거나 옆의 QR코드로 방문해 보세요.

# 차례

서문 _ 가장 가까운 친구이자 위대한 선생님인 자연을 만나요 • 4
자연물 놀이가 궁금해요! • 8

01 Hello, Spring
안녕, 향기로운 봄

목련아, 같이 놀자! • 18 | 누에고치로 실 뽑기 • 20 | 빙글빙글 봄나물 알아맞히기 • 21 | 입맛 도는 돌나물 놀이 • 22 | 봄을 팝니다, 어서 사세요 • 24 | 개나리 노란 꽃그늘 아래 • 25 | 점토로 만든 봄꽃 화전 • 26 | 쑥과 진달래를 조물조물 • 27 | 꽃잎 갈기를 가진 사자 • 28 | 떨어진 매화가 아쉬울 때 • 29 | 민들레야, 노올자~! • 30 | 봄꽃 센서리 보틀 • 32 | 보랏빛 제비꽃 놀이 • 33 | 애기똥풀 매니큐어 • 34 | 봄으로 장식한 빵 • 35 | 추억의 토끼풀 놀이 • 36 | 친해지고 싶어, 브로콜리 벚나무 • 38 | 빛과 봄꽃 그리고 선캐처 • 39 | 감성 가득 투명 꽃병 • 40 | 봄을 보는 돋보기 • 41 | 호리병박 꽃꽂이 • 42 | 숲속 보물찾기 • 43 | 종이컵 봄꽃 팔찌 • 44 | 팽팽 잘 도는 실팽이 • 45 | 벚꽃이 떨어지면 • 46 | 찰칵! 숲을 담는 사진사 • 48 | 봄빛 만화경 • 49 | 바질 토핑 피자 • 50 | 색색 가지 봄의 색채 • 51 | 컵케이크 소꿉놀이 • 52 | 숲속 나라 왕관 놀이 • 53 | 꽃잎 발색 종이 인형 • 54 | 봄의 색을 찾아 숲으로 • 55 | 봄꽃 애벌레 • 56 | 봄날의 추억을 담은 병 • 57 | 세상에 단 하나, 나뭇잎 가면 • 58 | 쇠뜨기 레고 놀이 • 59 | 셀러리 도장 찍기 • 60 | 셀러리는 어디로 물을 마실까? • 61 | 알록달록 토끼풀 염색 • 62 | 피망 모양 토끼풀 • 63 | 식용 꽃 토핑 피자 • 64 | 달콤 사르르 꽃 사탕 • 65 | 빙글빙글 나뭇잎 바람개비 • 66 | 봄을 비빈 비빔밥 • 67 | 오크라 안에 꽃 있다 • 68 | 꽃 귀를 쫑긋, 토끼 가면 • 69 | 봄꽃 탐정 놀이 • 70 | 지구를 살리는 화분 • 71 | 달콤플플 디저트 가게 • 72 | 삐죽 깃털, 나뭇잎 부엉이 • 74

02 Hello, Summer
안녕, 싱그러운 여름

후루룩, 풀잎 국수 • 76 | 오늘 내 머리 어때? • 77 | 양파 모양 달팽이집 • 78 | 동글동글 완두콩 가족 • 79 | 쓱쓱 자연을 그리는 붓 • 80 | DIY 틱택토 게임 • 81 | 보랏빛 추억, 오디 물감 • 82 | 토스트엔 오디잼이지! • 83 | 둥실둥실 나뭇잎 뱃놀이 • 84 | 나뭇잎 프로타주 • 85 | 월척 나뭇잎 낚시터 • 86 | 웰컴 투 물고기 월드 • 87 | 나뭇잎 반쪽 그림 • 88 | 이상한 거울 나라 • 89 | 여름엔 꽃송이 비즈 팔찌 • 90 | 잉크 엔진 나뭇잎 • 91 | 맴맴맴, 나뭇잎 매미 • 92 | 매미 허물 패션쇼 • 93 | 꽃잎 달팽이 • 94 | 나뭇잎 목걸이 • 95 | 솔방울 아이스크림콘 • 96 | 솔방울 파인애플 • 97 | 거울에 그린 구름 • 98 | 구름 모양 탐정단 • 99 | 내겐 좀 특별한 구름 • 100 | 내가 올림픽에 나간다면 • 101 | 햇빛으로 그린 그림 • 102 | 구멍 난 머리도 좋아! • 103 | 강아지풀 여우 꼬리 • 104 | 에코 꽃무늬 손수건 • 105 | 봉숭아 매니큐어 • 106 | 청경채 장미꽃 도장 • 107 | 옥수수 식당에 어서 와요! • 108 | 더벅머리 옥수수 꾸미기 • 109 | 나뭇잎 리본 머리핀 • 110 | 추억을 소환하는 누름꽃 액자 • 111 | 공작새 깃털 꾸미기 • 112 | 춤추는 지칭개 플라밍고 • 113 | 무섭고도 재미있는 식충 식물 • 114 | 알록달록 한천 빙수 • 115 | 솔방울 나방 • 116 | 세균아, 저리 가! • 117 | 종이로 만든 반딧불이 • 118 | 모기 퇴치 시나몬 • 120 | 오늘은 내가 헤어 디자이너 • 121 | 신기한 사와로 선인장 • 122 | 도화지가 된 돌멩이 • 123 | 아기자기 돌멩하우스 • 124 | 안녕? 능소화 요정 • 125 | 가지랑 놀러 가지 • 126 | 조개껍데기 꽃병 • 128

03 Hello, Autumn
안녕, 알록달록 가을

빙그르르 나뭇잎 퍼즐 • 130 | 단풍 고운 막대 인형 • 131 | 찰흙 버섯이 봉긋~! • 132 | 솔방울 꼬리 다람쥐 • 133 | 가을 숲 탐정 놀이 • 134 | 노란 은행잎 나비 • 135 | 가을 꽃다발을 선물해요 • 136 | 은행잎을 가득 모아 • 137 | 울긋불긋 변신 카멜레온 • 138 | 두둥실 낙엽 열기구 • 139 | 낙엽 트리케라톱스 • 140 | 솔방울 안킬로사우루스 • 141 | 스칸디아모스 가을 나무 • 142 | 가을이 바구니 가득 • 143 | 코스모스 팔찌 • 144 | 낙엽 사자 갈기와 토끼 귀 • 145 | 낙엽 조각보 아트 • 146 | 단풍잎 문어 가족 • 147 | 어흥! 사자가 나타났다! • 148 | 가을 나비는 바스락바스락 • 149 | 돌돌 말린 달팽이집 • 150 | 행복한 숲속 약국 • 151 | 쫑긋 귀 은행잎 여우 • 152 | 거꾸로 매달린 낙엽 박쥐 • 153 | 히잉히잉~ 낙엽 당나귀 • 154 | 솔잎 깐 종이 송편 • 155 | 가을 열매 노리개 • 156 | 달아, 소원을 들어줘 • 157 | 달콤 꿈 드림 캐처 • 158 | 가을 느낌 리스 • 159 | 나뭇잎 아티스트 • 160 | 개성 만점 낙엽 우산 • 162 | 치익치익, 낙엽 꼬치 • 163 | 가을 숲에 사는 요정 • 164 | 낙엽으로 쓰는 이름 • 165 | 뿌셔뿌셔 낙엽 모자이크 • 166 | 가을 숲 작은 동물원 • 167 | 가을 숲 애프터눈 티타임 • 168 | 가을 열매 달팽이집 • 169 | 입맛 도는 가을 밥상 • 170 | 피슈우웅, 도토리 로켓 • 172 | 도토리 모자 가게 • 173 | 동글동글 도토리 인형 • 174 | 팽이의 시초 도토리 팽이 • 175 | 도토리 마리오네트 • 176 | 도토리 손가락 인형 • 177 | 도토리 메모리 게임 • 178 | 알록달록 도토리의 변신 • 179 | 복슬복슬 억새 부엉이 • 180 | 가을 장식 달콤 케이크 • 181 | 나무에 얼굴이 있다면? • 182 | 가을 감성 캔들 홀더 • 183 | 으스스 나뭇잎 해골 • 184 | 붕대 감은 돌멩이 미라 • 185 | 승리의 곡식 메달 • 186 | 빨래 널기 좋은 날 • 187 | 바스락바스락 낙엽 스낵 • 188

04 Hello, Winter
안녕, 새하얀 겨울

꽃눈으로 쓴 글씨 • 190 | 귤로 배우는 과학 • 191 | 귤로 탑 쌓기 • 192 | 새콤달콤 귤로 만든 동물 • 193 | 칙칙폭폭, 귤 기차가 떠납니다! • 194 | 오렌지 껍질 모빌 • 195 | 바스락바스락, 겨울 낙엽 놀이 • 196 | 나무껍질 상상 그림 • 198 | 나뭇가지 액자와 갈런드 • 199 | 색실 감은 나뭇가지 • 200 | 내가 찾은 나뭇가지 인형 • 201 | 솔방울 거미, 나뭇가지 거미집 • 202 | 비즈 솔방울 모빌 • 203 | 물 만난 솔방울 실험 • 204 | 솔방울 달팽이집 • 205 | 보송보송 솔방울 올빼미 • 206 | 달걀판 솔방울 수 놀이 • 207 | 솔방울 요요 • 208 | 으라차차, 솔잎 인형 씨름 • 209 | 뾰족뾰족 솔잎 미술놀이 • 210 | 꽁꽁 얼음 장식 • 211 | 흙으로 만든 물감 • 212 | 메리 재활용 트리 • 213 | 나뭇조각 꼬마 눈사람 • 214 | 영원히 녹지 않는 눈꽃송이 • 215 | 솜이 퐁퐁 피어나는 꽃 • 216 | 구멍 송송 연근 도장 • 217 | 어떻게 생겼니? 버섯 포자문 • 218 | 쑤욱 쑥 자라는 표고버섯 • 219 | 길러는 봤니? 느타리버섯 • 220 | 쑥쑥 자라는 키다리 콩나물 • 221 | 좀 더 특별한 크리스마스트리 • 222 | 잣나무 솔방울 리스 • 224 | 눈 놀이, 어디까지 해 봤니? • 225 | 엉금엉금 호두 등딱지 거북 • 228 | 견과류 껍데기 인형 • 229 | 두둥실 둥실 호두 돛단배 • 230 | 하트 나무로 고백해요 • 231

봄 01 목련아, 같이 놀자!

차가운 겨울이 지나고 봄이 오면 새 생명이 움트죠. 그중 잎보다 먼저 세상에 나오는 꽃이 있어요. 바로 목련이죠. 목련은 꽃잎도 크고 새하얘서 아이와 놀이할 거리가 아주 많아요. 게다가 은은한 향기 덕분에 꽃잎은 목련 꽃차로도 즐길 수 있어요. 새 꽃잎을 따기보다는 목련이 떨어질 무렵을 기다려 보세요. 아이와 목련으로 놀다 보면 후드득 떨어지는 목련에 대한 아쉬움은 어느새 사라질 거랍니다.

놀이 목표 목련 꽃잎에 관심을 가지고 탐색해요. 생태 감수성을 키워요.

놀이 준비 `공통` 목련 꽃잎 `놀이1` 나뭇가지 `놀이2` 꽃눈 껍질 등 다양한 자연물 `놀이3` 얇은 빨대, 가위 `놀이4` 찜기(또는 오목한 그릇)

 연계 그림책

《일주일》 김라임 글·그림, 키다리
《목련 만두》 백유연 글·그림, 웅진주니어

`놀이1` 꽃잎 그림 그리기

1 목련 꽃잎과 나뭇가지를 준비해요.

2 목련 꽃잎을 나뭇가지로 콕콕 찍어 그림을 그려요.

`놀이2` 목련 꽃잎으로 모양 만들기

1 목련 꽃잎과 꽃눈 껍질 등 다양한 자연물을 준비해요.

2 자연물을 활용해 여러 가지 모양을 만들어요.

놀이3 목련 꽃잎 풍선

짓무르지 않은 꽃잎으로 골라 주세요.

1 목련 꽃잎과 얇은 빨대를 준비해요.

2 목련 꽃잎의 아랫부분을 가위로 조금 잘라요.

3 잘린 단면을 살살 비벼 겹이 갈라지게 해요.

4 갈라진 틈에 빨대를 꽂아요.

5 바람을 불어 넣어 풍선처럼 부풀려요.

놀이4 목련 꽃잎 만두

1 목련 꽃잎을 겹겹이 말아서 커다란 만두를 만들어요.

2 찜기 안에 차곡차곡 쌓아요.

봄 02 누에고치로 실 뽑기

누에나방의 알은 봄에 부화해요. 알에서 나온 누에는 약 한 달 동안 네 번의 허물을 벗고 어른 손가락 길이만큼 자라지요. 다 자란 누에는 실을 토해 고치를 짓고, 그 안에서 번데기가 되어 성충이 될 준비를 한답니다. 누에고치는 쓰이는 데가 많아요. 물레로 실을 뽑아내 곱디고운 비단 옷감을 만들기도 하고요. 고치 안의 번데기는 못생긴 겉모습과는 달리 고단백 간식거리로 먹기도 한답니다.

놀이 목표   누에고치에 관심을 가지고 탐색해요. 관찰력과 집중력을 길러요.

놀이 준비   누에고치 실 뽑기 키트(누에고치, 물레, 종이컵으로 구성), 뜨거운 물
　　　　　　 가위, 돋보기

 연계 그림책

《누에야 뽕잎 줄게 비단실 다오》
권혁도 글·그림, 보리

1 누에고치를 탐색해요.

화상을 입지 않도록 주의해요!
2 뜨거운 물을 담은 종이컵에 누에고치를 넣고 충분히 불려요.

물이 식으면 실이 끊어질 수 있으니 중간중간 따뜻한 물로 교체해요.
3 불린 누에고치에서 실마리를 찾아 물레에 감아요.

4 직접 뽑은 실을 탐색해요.

5 실을 뽑아내고 남은 반투명 껍데기를 관찰해요.

번데기가 잘리지 않도록 주의해요.
6 가위로 껍데기 끝을 잘라서 안쪽의 번데기를 꺼내요.

7 돋보기로 번데기를 관찰해요.

봄 03 빙글빙글 봄나물 알아맞히기

추운 겨울을 견뎌 내고 싹을 틔운 봄나물은 각종 비타민과 무기질 그리고 섬유질이 풍부해 건강에 아주 좋은 음식이에요. 하지만 아이들에게 봄나물은 그냥 다 같은 풀로 보이기도 한답니다. 참나물, 달래, 돌나물 등을 구분하는 놀이를 준비해 보세요! 봄나물의 생김새와 이름을 놀이로 익히면, 숲길을 산책하다가 봄나물을 발견하고 "쑥이다!" 외치는 아이를 볼 수 있을지도 몰라요.

놀이 목표 다양한 봄나물에 관심을 가져요. 어휘력을 키워요.

놀이 준비 길쭉한 원통, 가위, 풀, 펀치, 카드 고리, 봄나물 단어 도안

연계 그림책

《들나물 하러 가자》
보리 글/이제호 그림, 보리

1 원통에 붙일 도안을 오려서 준비해요.

2 봄나물 단어 카드를 오려서 준비해요.

3 둥근 도안은 원통의 윗면에 붙이고, 기다란 도안은 원통의 옆면에 ①~④까지 차례로 붙여요.

4 봄나물 단어 카드는 펀치로 구멍을 뚫은 다음, 카드 고리에 끼워요.

5 봄나물 단어 카드에서 봄나물을 골라요.

6 원통의 사진과 글자를 빙글빙글 돌려서 봄나물 단어 카드와 똑같이 맞혀요.

봄 04 입맛 도는 돌나물 놀이

따뜻한 봄이 오면 산과 들에서 여러 가지 봄나물이 돋아나요. 차가운 들판을 헤집고 자라난 쑥, 달래, 미나리 등은 쌉싸름한 맛과 향으로 겨울 동안 잃었던 입맛을 돌게 한답니다. 그중 특유의 풋내와 아삭한 식감이 있는 돌나물은 놀이에 활용하기도 좋아요. 아이들과 돌나물을 활용해 둥그런 장식물(리스)도 만들어 보고, 즙을 활용해 그림도 그려 보세요. 어느새 돌나물 반찬으로 밥 한 공기 뚝딱 할지도 모른답니다.

놀이 목표 돌나물을 탐색하며 오감을 발달시켜요. 표현력과 집중력을 길러요.

놀이 준비
- 공통 돌나물 놀이1 돋보기, 필기구, 관찰 기록지 도안
- 놀이2 꾸미기 재료(폼폼, 도트 사인펜 등), 리스 도안
- 놀이3 절구와 절굿공이, 오목한 그릇, 스펀지 붓, 나무 도안

연계 그림책
《예쁜 봄 맛있는 봄》
최형임 글/김성삼 그림, 국민서관

놀이1 돌나물 탐색

1 돌나물을 준비해요.

2 돋보기로 보고 냄새 맡고 맛보는 등 오감으로 탐색해요.

아이가 아직 글씨를 못 쓴다면, 부모님이 대신 기록해 주세요.

3 관찰 기록지에 탐색한 내용을 기록하면 더 좋아요.

놀이2 돌나물 리스

1 리스 도안의 원을 따라 돌나물을 동그랗게 놓아요.

2 리스 주변을 다양한 재료로 꾸며요.

3 봄나물 리스를 완성해요.

놀이3 돌나물 물감 놀이

엄마! 돌나물에서 초록색 물감이 나왔어요!

1 돌나물을 절구에 넣고 빻아요.

2 돌나물의 즙을 오목한 그릇에 옮겨 담아요.

3 돌나물즙을 스펀지 붓으로 찍어서 나무 도안에 나뭇잎을 풍성하게 표현해 주세요.

봄 05 봄을 팝니다, 어서 사세요

봄나물은 꼭 산과 들에만 있는 게 아니에요. 동네 마트에도 다양한 종류의 봄나물이 풍성하게 진열되어 있으니까요. 마트에서 사 온 봄나물로 아이와 마트 놀이를 해 보세요. 익숙한 음식만 먹으려고 하는 아이라도 봄나물을 사고팔며 역할 놀이를 하다 보면 어느새 낯선 봄나물에 대해 좋은 기억을 가지게 될 거랍니다. 재밌게 봄나물을 익히고 편식 습관까지 잡아 볼까요?

놀이 목표 다양한 봄나물에 관심을 가져요. 사회성과 상호 작용을 길러요.

놀이 준비 스티로폼 접시 6개, 투명 랩, 가위, 풀
마트 놀이 장난감(계산대, 모형 돈, 장바구니 등)
봄나물 가게 놀이 도안

 연계 그림책

《이 풀도 먹는 거예요?》
개똥이 글/장순일 그림, 개똥이

《봄나물에는 무엇이 있을까요?》
박미림 글/문종인 그림, 다섯수레

1 간판과 가격표를 붙여서 가게를 만들어요.

실제 봄나물을 준비해도 좋아요!

2 봄나물 상품을 준비해요.
① 스티로폼 접시를 투명 랩으로 감싸요.
② 봄나물을 모양대로 오려서 올려요.
③ 투명 랩으로 한 번 더 그릇을 감싸요.
④ 가격표를 붙여요.

3 도안을 오려서 점원 모자를 만들어요.

4 마트 놀이 장난감을 활용해 봄나물을 사고팔며 봄나물과 친해져요.

봄 06 개나리 노란 꽃그늘 아래

봄을 알리는 전령사 중에 노란 개나리를 빼놓을 수 없어요. 흐드러지게 피어난 개나리 덤불 아래에서 노란 병아리 같은 아이들이 노는 모습은 정말로 아름답지요. 주변에서 흔히 볼 수 있는 개나리는 우리나라가 원산지인 봄꽃이에요. 네 갈래로 갈라진 꽃잎은 뾰족한 모양을 하고 있어서 줄줄이 꿰어 다양한 놀이를 할 수 있답니다. 자, 다 함께 외쳐 볼까요? "개나리야, 같이 놀자!"

놀이 목표 개나리에 관심을 가져요. 오감을 발달시키고 창의력을 키워요.

놀이 준비 [공통] 개나리꽃과 다양한 자연물 [놀이1] 나무 꼬치
[놀이3] 절구와 절굿공이 [놀이4] 얇은 끈, 돗바늘

 연계 그림책

《노랑 옷》 김성범 글/김윤경 그림, 한솔수북
《혼자 오니?》 김하늘 글/정순희 그림, 사계절
《꽃이랑 놀자》 김근희 글·그림, 웅진주니어

놀이1 개나리 꼬치

냠냠, 개나리 꼬치는 무슨 맛이 날까요?

개나리꽃을 나무 꼬치에 꽂아 개나리 꼬치를 만들어요.

놀이2 개나리 헬리콥터

개나리꽃을 떨어뜨리면 헬리콥터의 프로펠러처럼 빙글빙글 돌면서 떨어져요.

놀이3 개나리 빻기

절구에 개나리꽃과 다양한 자연물을 넣고 콩콩 빻아 보아요.

놀이4 개나리 목걸이

1 얇은 끈을 돗바늘에 꿰어 개나리꽃을 끼워요.

2 개나리꽃 중간중간 잎도 끼워서 목걸이를 완성해요.

봄 07 점토로 만든 봄꽃 화전

우리 조상들은 음력 3월 3일 삼짇날에 꽃놀이를 했어요. 새 풀을 밟으면서 겨우내 움츠렸던 몸과 마음을 펴고, 꽃잎을 얹은 화전을 부치며 한 해의 건강과 행복을 빌었답니다. 화전은 찹쌀가루를 반죽해 둥글납작하게 빚은 뒤 꽃잎 한 장을 얹어 기름에 지진 떡이에요. 모양도 색도 너무나 예쁘지요. 화전을 부치기 어렵다면 점토를 이용해 만들어 보세요. 아이들도 전통 꽃놀이에 푹 빠질 거예요.

놀이 목표 우리나라 세시 풍속에 관심을 가져요. 창의력과 표현력을 길러요.

놀이 준비 다양한 봄꽃, 흰색 점토, 채반

 연계 그림책

《할머니와 봄의 정원》
강혜영 글·그림, 팜파스

《달래네 꽃놀이》
김세실 글/윤정주 그림, 책읽는곰

1 점토를 둥글납작하게 빚어요.

2 점토 위에 봄꽃을 얹어서 화전을 만들어요.

3 채반 위에 봄꽃 화전을 담아내요.

봄 08 쑥과 진달래를 조물조물

봄이 오면 세상은 노란색, 분홍색, 초록색… 다양한 색들로 가득 찹니다. 자연에서 색을 얻어 점토 놀이를 해 보세요. 쑥에선 초록색을, 진달래에선 분홍색을 얻을 수 있죠. 냄새 맡고 만져 보다가 절구로 찧어서 어떤 색이 나오는지 눈으로 확인하면 아이들은 놀이에 더 관심을 가질 거예요. 그다음엔 점토와 섞어 조물조물 만지고 자르고 뭉쳐도 봐요. 아이들의 오감과 관찰력도 쑥쑥 자란답니다.

놀이 목표 쑥과 진달래를 탐색해요. 소근육과 오감을 발달시켜요.

놀이 준비 쑥과 진달래, 흰색 점토, 절구와 절굿공이, 소꿉놀이 장난감

 연계 그림책

《할머니, 어디 가요? 쑥 뜯으러 간다!》
조혜란 글·그림, 보리

《어떡해!》 이서연 글·그림, 꿈터

자연물을 충분히 탐색한 후에 놀이를 시작해요.

1 절구에 진달래를 넣고 절굿공이로 찧어요.

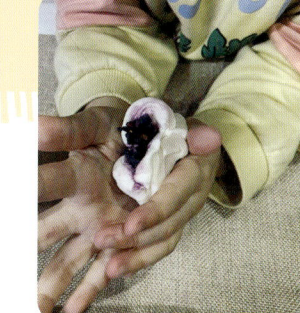

2 흰색 점토에 찧은 진달래를 넣어요.

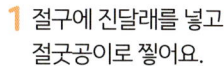 자연물 점토는 어떤 향이 날까?

3 조물조물 주물러서 진달래 점토를 만들어요.

4 같은 방법으로 쑥 점토도 만들어요.

5 자연물 점토로 모양을 빚고 자르면서 소꿉놀이를 해요.

봄 09 꽃잎 갈기를 가진 사자

겨울의 차가운 바람이 따뜻한 봄바람으로 바뀌기 전부터 꽃이 피는 나무가 있어요. 바로 매화나무예요. 매화는 둥근 꽃잎에 길고 풍성한 꽃술을 가졌답니다. 꽃자루가 짧아서 줄기에 바짝 붙어 한두 송이씩 피지요. 매화는 벚꽃과 닮았지만, 벚꽃과 달리 향기가 있어요. 이런 매화를 갈기로 가진 사자가 있다면 어떨까요? 무서운 사자가 향긋하고 귀여워 보이진 않을까요?

놀이 목표 매화에 관심을 가져요. 창의력과 심미감을 길러요.

놀이 준비 매화와 다양한 자연물, 상자, 가위, 둥근 물체, 사인펜, 목공풀

 연계 그림책

《흰 눈》 공광규 글/주리 그림, 바우솔

1 산책하며 매화와 다양한 자연물을 주워요.

2 둥근 물체를 두꺼운 종이에 올려놓고 둘레를 따라 외곽선을 그려요.

> 사자 얼굴을 아이가 직접 그려도 좋아요.

3 외곽선을 따라 자른 다음, 사인펜으로 사자 얼굴을 그려요.

4 매화를 얼굴 둘레에 목공풀로 붙여서 갈기를 표현해요.

5 매화 외에도 다양한 자연물을 붙여서 완성해요.

봄 10 떨어진 매화가 아쉬울 때

매화는 가끔 한겨울에 피기도 해 '눈 속에 핀 매화'라는 뜻의 '설중매'로도 불러요. 이렇듯 찬바람이 불 때부터 꽃이 피기 때문에 매화나무 주변에선 떨어진 꽃잎들을 많이 발견할 수 있어요. 매화나무의 열매는 '매실'이에요. 그래서 꽃이 필 때는 '매화나무', 꽃이 지고 열매가 열리면 '매실나무'라고 부른답니다. 자, 이번에는 나무 모양 판에 떨어진 매화를 붙여서 매화나무를 만들어 보세요.

놀이 목표 매화를 탐색하며 계절감을 느껴요. 집중력과 심미감을 길러요.

놀이 준비 매화와 나뭇잎, 나무 모양 판, 목공풀

 연계 그림책

《열두 달 나무 아이》
최숙희 글·그림, 책읽는곰

두꺼운 종이나 상자를 오려서 만들어도 괜찮아요.

1 나무 모양 판을 준비해요.

2 목공풀을 콕콕 찍은 후, 매화를 올려서 붙여요.

3 나뭇잎도 군데군데 붙여서 완성해요.

봄 11 민들레야, 노올자~!

입으로 후 불어 민들레 꽃씨를 날려 봤나요? 봄에 햇빛 좋은 공터나 콘크리트 틈에서도 흔히 볼 수 있는 국화과의 풀이 바로 민들레예요. 바닥에 바짝 붙어 깃털처럼 삐죽삐죽한 잎이 돋아나고, 꽃대는 길쭉하게 올라와 노란색 꽃을 피우죠. 꽃이 진 후에는 갓털로 덮인 씨앗들이 바람을 타고 날아가 새로운 땅에서 다시 태어납니다. 생명력이 강한 꽃이죠. 그만큼 자주 볼 수 있어 아이와 함께할 놀이도 많답니다.

놀이 목표 민들레에 관심을 가져요. 탐구심과 생태 감수성을 길러요.

놀이 준비
- 공통: 민들레, 가위 / 놀이1: 물그릇, 빨대, 비커
- 놀이2: 종이컵, 비눗방울 용액 / 놀이4: 동물 도안

연계 그림책

《민들레 사자의 꿈》 요코 다나카 글·그림, 진선아이
《이 씨앗 누굴까?》 김황 글/전금자 그림, 한울림어린이
《내 친구 별똥이가 사라졌어요》 이정아 글·그림, 창조와지식

놀이1 민들레 꽃대 물레방아

1 민들레 꽃대를 잘라요.

2 물그릇에 꽃대를 넣으면 양쪽 끝이 말려요.

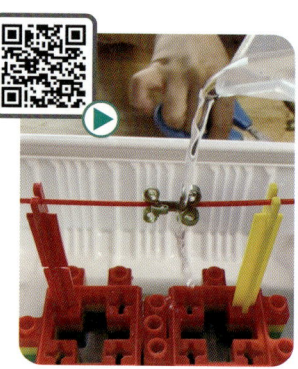

3 빨대에 꽃대를 끼워 걸쳐 놓고 물을 뿌리면, 물레방아처럼 꽃대가 돌아가요.

민들레 홀씨? 민들레 꽃씨? 뭐가 맞아요?

홀씨는 '씨앗'이 아니에요. 꽃을 피우지 못하는 식물이 생식하기 위해 만드는 세포로, 한자어로는 '포자'라고 해요. 고사리, 버섯, 이끼 등이 포자로 번식하죠. 민들레는 꽃을 피워 씨앗으로 번식하기 때문에 민들레 홀씨는 완전히 잘못된 표현이랍니다. 민들레 꽃씨로 불러 주세요!

놀이2 민들레 꽃대 비눗방울

빨대처럼 속이 비어 있어요!

1 민들레 꽃대를 잘라서 탐색해요.

2 꽃대 끝에 비눗물을 묻혀요.

3 비눗물을 묻힌 반대편을 불어서 비눗방울 놀이를 해요.

놀이3 민들레 알반지

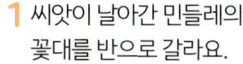

1 씨앗이 날아간 민들레의 꽃대를 반으로 갈라요.

2 손가락에 둘러 묶어서 민들레 알반지를 만들어요.

놀이4 민들레로 만든 동물

사자 갈기와 양털에 어울릴 자연물을 찾아보자!

1 사자와 양 그림을 준비해요.

2 노란 꽃에 사자를 대면 갈기가 되고, 하얀 꽃씨에 양을 대면 양털이 돼요.

봄12 봄꽃 센서리 보틀

봄비가 내린 뒤 후드득 떨어진 꽃잎들을 보면 아쉬운 마음이 들죠. 바쁜 일상에 꽃을 감상할 일이 거의 없으니까요. 하지만 걱정하지 마세요. 떨어진 꽃잎들을 주워 '센서리 보틀'을 만들면 된답니다. 센서리 보틀은 이탈리아 교육가인 마리아 몬테소리가 개발한 교구예요. 아이들은 센서리 보틀을 직접 만들고 관찰하며 자연물의 아름다움을 느끼고 심리적 안정감을 얻을 수 있답니다.

놀이 목표 다양한 꽃의 색, 모양, 크기를 관찰해요. 심리적 안정감을 느끼고 스트레스를 완화해요.

놀이 준비 다양한 봄꽃, 투명한 플라스틱병, 꾸미기 재료(반짝이 가루, 스팽글 등)

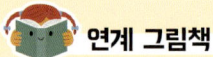
연계 그림책

《꽃구경》 하종오 글/김윤경 그림, 현북스

물을 털어 내고 냉장고에 보관하면 2~3일은 싱싱해요.

1 꽃잎에 붙은 흙을 물로 씻어서 준비해요.

2 플라스틱병 속에 꽃잎을 넣어요.

물을 가득 담지 말고, 병 위쪽에 공간을 남겨 주세요.

3 플라스틱병에 물을 넣어요.

생략 가능

4 꾸미기 재료를 넣어요.

5 뚜껑을 닫아서 보틀을 완성해요.

6 센서리 보틀을 흔들며 관찰해요.

봄 13 보랏빛 제비꽃 놀이

봄에 볼 수 있는 꽃 중에 보라색 꽃이 많지 않아요. 그래서인지 제비꽃은 작아도 눈에 띄지요. 따뜻한 봄이 되어 제비가 돌아올 때 꽃이 피어서 제비꽃으로 불렀다고 해요. 그 밖에도 장수꽃, 병아리꽃, 오랑캐꽃, 씨름꽃, 앉은뱅이꽃 등 다양한 이름으로 불렀어요. 우리 아이는 제비보다 나비를 더 닮은 것 같다며 '나비꽃'으로 이름 지었답니다. 오늘은 제비꽃으로 아이들과 추억을 쌓아 보면 어떨까요?

놀이 목표 제비꽃에 관심을 가져요. 자연에 대한 호기심과 관찰력을 키워요.

놀이 준비　공통　제비꽃　놀이2　종이 접시, 가위, 커터칼, 테이프

연계 그림책

《봄이와 제비꽃》 에토 글·그림, 웅진주니어
《제비꽃 반지》 이미애 글/조현주 그림, 엔이키즈
《다람쥐 무이의 봄》 오주영 글/이광익 그림, 창비

놀이1 제비꽃 씨름

꽃이 먼저 떨어지면 지는 거야!

1 제비꽃 2개를 줄기째 준비해서 둘이 하나씩 나눠 가져요.

2 제비꽃 두 송이를 엇갈려 걸고, 살살 당겨요.

놀이2 제비꽃 가면

1 종이 접시를 오리고 붙여서 토끼 가면을 만들어요.

토끼 수염은 제비꽃 줄기로 붙였어요!

2 제비꽃을 테이프로 붙여서 가면을 꾸며요.

3 제비꽃 가면을 쓰고 놀아요.

놀이3 제비꽃 팔찌와 반지

제비꽃으로 팔찌와 반지를 만들어요.

봄 14 애기똥풀 매니큐어

들이나 길가에서 흔히 볼 수 있는 풀로 애기똥풀이 있어요. 동글동글 작고 예쁜 노란 꽃을 피우고, 줄기, 잎, 꽃봉오리 모두 솜털로 덮여 있답니다. 아이들은 귀엽고 엉뚱한 이름 때문에 이름만 들어도 미소를 지으며 "애기 똥? 애기 똥처럼 냄새가 나요?" 하며 궁금해할 거예요. 줄기에서 나오는 즙의 색깔이 아기의 노란 똥과 비슷해서 그런 이름이 붙었다고 알려 주세요!

놀이 목표   애기똥풀을 탐색해요. 생태 감수성을 키워요.
놀이 준비   애기똥풀

 연계 그림책

《오늘 피어난 애기똥풀꽃》
윤재인 글/오승민 그림, 느림보

《꽃비의 물음표》
김윤경 글·그림, 책마중

1 애기똥풀을 탐색해요.

애기똥풀에 약간의 독성이 있으니 입에 넣지 않도록 주의해요.

2 애기똥풀의 줄기를 잘라 즙을 관찰해요.

3 즙을 손톱에 매니큐어처럼 발라요.

봄 15 봄으로 장식한 빵

보기 좋은 음식이 맛도 좋다는 말이 있지요. 아이들도 평범하게 보이는 것보다 여러 장식으로 입맛을 돋우는 음식을 좋아한답니다. 같은 음식이라도 만드는 사람에 따라 모양과 맛이 다른 것은 재료와 장식이 다르기 때문이에요. 이번에는 봄을 대표하는 자연물로 제빵에 도전해 볼 거예요. 각종 꽃잎과 꽃봉오리, 나뭇잎과 풀잎으로 화려하게 장식해 세상에서 단 하나뿐인 빵을 만들어 보세요.

놀이 목표 미적 감수성을 길러요. 창의력과 상상력을 키워요.

놀이 준비 다양한 자연물, 점토, 가위
제빵 도안(피자, 타르트, 식빵, 핫케이크)

연계 그림책

《앗! 피자》 정호선 글·그림, 사계절
《평범한 식빵》 종종 글·그림, 그린북
《하늘 높이 핫케이크》
종종 글·그림, 그린북

1 피자 도우 도안을 준비해요.

생략 가능

2 도안 위를 점토로 덮어요.

3 다양한 자연물로 피자를 꾸며요.

4 자연물 피자가 완성되었어요.

5 같은 방법으로 타르트도 만들어요.

플러스 놀이

자연물로 다양한 표정의 얼굴을 만들어도 재밌어요.

봄 16 추억의 토끼풀 놀이

어렸을 때 엄마가 토끼풀로 만들어 준 반지와 팔찌가 기억납니다. 거슬러 올라가면 외할머니가 어린 엄마에게 만들어 줬겠지요. 그런데 요즘 이런 놀이를 아이들과 하는 엄마들은 얼마나 있을까요? 오늘은 소중한 추억을 되살려 아이들에게 꽃반지와 팔찌 그리고 화관을 만들어 주세요. 아이들이 커서 자신의 아이들과 함께할 수 있도록 말이에요. 토끼풀은 예나 지금이나 액세서리를 만들기에 훌륭한 재료랍니다.

놀이 목표　토끼풀을 탐색해요. 정서적 교감을 나눠요.

놀이 준비　토끼풀과 봄꽃

연계 그림책

《숲속 동물들의 봄맞이 운동회》
스토우 아사에 글/이토우 치사 그림, 키위북스

《살랑살랑 봄바람이 인사해요》
김도아 글·그림, 시공주니어

놀이1 토끼풀 반지와 팔찌

1 토끼풀 꽃대 2개를 준비해요.

2 꽃대 하나는 손톱으로 가운데를 갈라서 구멍을 만들어요.

3 또 다른 꽃대를 **2**의 구멍 안에 끼워요.

4 꽃대의 끝을 살살 잡아당겨서 꽃끼리 서로 붙게 해요.

5 손가락에 감으면 반지, 손목에 감으면 팔찌가 돼요.

놀이2 토끼풀 화관

1 토끼풀 꽃대 2~3개 위에 토끼풀 꽃대 1~2개를 어긋나게 올려놓아요.

2 올려놓은 꽃대 끝을 한 바퀴 감아서 고정해요.

3 화관을 만들 수 있는 길이가 될 때까지 반복해요.

4 동그랗게 모아서 묶어요.

5 토끼풀 화관이 완성되었어요.

6 중간중간 다른 꽃을 꽂으면 더욱 예쁜 화관을 만들 수 있어요.

봄 17 친해지고 싶어, 브로콜리 벚나무

식감과 생김새 때문에 브로콜리를 거부하는 아이들이 많지요? 브로콜리는 아이들 면역력에 좋은 '슈퍼 푸드'인데 말이죠. 아이들의 채소 편식을 고치려면 우선은 채소와 친해져야 해요. 채소를 이용한 도장 놀이는 채소에 대한 아이들의 관심을 끌기에 좋답니다. 두툼한 줄기 끝에 무수히 많은 꽃이 달린 브로콜리로 도장 놀이를 해 보세요. 아주 예쁜 벚나무가 탄생할 거예요.

놀이 목표 브로콜리를 탐색해요. 표현력과 미적 감수성을 키워요.
놀이 준비 브로콜리, 물감, 플라스틱 용기(또는 팔레트), 나무 도안

연계 그림책

《벚꽃이 피면》
도고 나리사 글·그림, 길벗어린이

《벚꽃 팝콘》
백유연 글·그림, 웅진주니어

어린이용 요리칼로 아이가 직접 잘라 봐도 좋아요.

1 브로콜리를 탐색해요.

분홍색에 소량의 흰색과 빨간색을 완전히 섞지 않고 사용하면 색이 자연스러워요.

2 분홍색 물감을 넓은 플라스틱 용기에 덜어서 준비해요.

3 브로콜리의 줄기를 잡고 꽃 부분에 물감을 묻혀 나무 도안에 찍어요.

4 꽃이 풍성해지도록 반복해서 찍어요.

5 예쁜 벚나무가 완성되었어요.

봄 18 빛과 봄꽃 그리고 선캐처

아메리카 원주민들은 빛이 들어오는 창문이나 문에 유리나 구슬로 만든 '선캐처'를 걸어 두었다고 해요. 밝은 태양 빛을 통해 좋은 기운을 집 안에 퍼트릴 수 있다고 믿었기 때문이죠. 햇살이 풍부해진 봄날에 봄꽃을 이용해 선캐처를 만들어 보세요. 어떤 꽃으로 장식했느냐에 따라 벽과 바닥에 생긴 그림자도 달라진답니다. 빛과 자연물이 만들어 내는 다양한 그림자를 아이들과 탐색해 볼까요?

놀이 목표   다양한 봄꽃에 관심을 가져요. 미적 감수성을 길러요.

놀이 준비   봄꽃, 종이 접시, 가위, 커터칼, 투명 시트지

연계 그림책

《햇빛놀이》 나명남 글·그림, 웅진주니어
《반짝반짝》 정인화 글·그림, 짙따

1 종이 접시의 바닥을 오려서 둥근 구멍을 만들어요.

2 투명 시트지에 **1**의 접시를 놓고, 밖으로 튀어나온 시트지를 오려서 정리해요.

3 시트지에 봄꽃을 붙여요.

4 선캐처가 완성되었어요.

봄 19 감성 가득 투명 꽃병

꽃가게에서 꽃을 사지 않더라도 집 안을 화사하게 만들 방법이 있어요. 먼저 도안을 출력하기에 편리한 OHP 필름을 준비해요. OHP 필름이 없다면 집에서 많이 사용하는 투명 지퍼백에 매직으로 꽃병을 그려서 사용해도 좋아요. 그리고 산과 들에 지천으로 피어난 꽃을 아이들과 함께 모아서 감성 가득한 꽃병을 만드는 거예요. 집 안 가득 봄소식을 전해 줄 거랍니다.

놀이 목표 미적 감수성을 길러요. 눈과 손의 협응력을 길러요.

놀이 준비 봄꽃과 다양한 자연물, 상자, OHP 필름, 가위, 테이프 송곳 또는 펀치, 마끈, 꽃병 도안

연계 그림책

《꽃꽃꽃》
임수정 글/송수은 그림, 노란돼지

《꽃구경》
하종오 글/김윤경 그림, 현북스

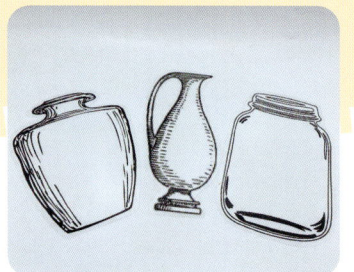

1 OHP 필름에 꽃병 도안을 출력한 후, 꽃병 모양을 따라 잘라요.

위쪽에 구멍을 뚫고 마끈을 걸어요.

2 상자를 꽃병보다 약간 크게 자른 다음, 꽃과 풀을 올리고 테이프로 붙여요.

3 오려 놓은 꽃병 도안을 올리고 테이프로 붙여요.

4 투명 꽃병이 완성되었어요.

5 다른 모양의 꽃병도 만들어 보세요.

봄 20 봄을 보는 돋보기

이른 봄에 피는 유채꽃, 산수유, 개나리, 애기똥풀, 민들레 등은 모두 노란색이에요. 왜 그런 걸까요? 이른 봄에 활동하는 곤충들이 노란색을 좋아하기 때문이래요. 자연이 가진 모든 색에는 신비한 의미가 담겨 있답니다. 아이와 돋보기로 자연물을 관찰하며 "왜 이 색일까?" 이야기 나눠 보세요. 정답이 아니어도 괜찮아요. 자유롭게 상상하는 과정에서 자연물의 색에 의미가 있다는 것을 자연스럽게 알게 될 거예요.

놀이 목표 자연의 색에 관심을 가져요. 색채 감각과 관찰력을 길러요.
놀이 준비 가위, 펀치, 카드 고리, 커터칼, 색깔 돋보기 도안

연계 그림책

《자연의 색깔》 야나 세들라치코바, 슈테판카 세카니노바 글 /막달레나 코네치나 그림, 그린북
《모두가 빛나요》 에런 베커 글·그림, 웅진주니어

코팅하면 더 오래 보관할 수 있어요.

1 돋보기 도안을 오린 다음, 펀치로 구멍을 뚫고 카드 고리로 묶어요.

빨간색 찾았어요!

2 자연물에 색깔 돋보기를 대며 색을 찾아요.

봄 21 호리병박 꽃꽂이

플라스틱이 없던 옛날엔 자연물로 그릇을 만들기도 했어요. 조롱박이라고도 부르는 호리병박은 껍질이 단단해서 반을 잘라 표주박을 만들거나, 끝을 조금 자르고 속을 파내 물이나 술을 담는 병으로 만들어 썼지요. 호리병박은 가운데가 잘록하게 들어간 재미있는 모양 때문에 미술 재료로도 많이 활용해요. 이번에는 호리병박을 이용해 봄에 채집할 수 있는 꽃이나 풀잎으로 꽃꽂이를 해 볼까요?

놀이 목표 호리병박에 관심을 가져요. 생태 감수성과 표현력을 길러요.

놀이 준비 호리병박과 다양한 자연물, 톱

연계 그림책

《빨간 호리병박》
차오원쉬엔 글/김세현 그림, 사계절

《진짜 내 소원》
이선미 글·그림, 글로연

1 호리병박을 준비해요.

2 호리병박의 위아래를 톱으로 잘라 내요.

3 다양한 자연물을 호리병박에 꽂아요.

봄 22 숲속 보물찾기

어릴 적, 누구나 한 번쯤은 보물찾기를 해 봤을 거예요. 선생님이 숨겨 놓은 보물을 하나라도 더 찾고 싶어서 풀숲을 이리저리 뛰어다니지요. 그러다가 우연히 자연의 보물을 찾게 될 때가 있어요. 노란 꽃 위로 날아든 나비, 세 잎 클로버 사이에 숨어 있는 네 잎 클로버, 진흙 위에 콩콩 찍힌 참새 발자국이 그런 보물들이죠. 숲속에서 만난 진짜 보물들은 아이들 추억에 더 오래 남을 거랍니다.

놀이 목표 봄의 자연물에 관심을 가져요. 관찰력과 탐구력을 길러요.

놀이 준비 색연필, 클립 보드, 보물찾기 도안

 연계 그림책

《사계절 생태 도감》
모리구치 미쓰루 글·그림, 사계절

《풀밭에 숨은 보물찾기》
박신영 글·그림, 사계절

1 보물찾기 도안과 색연필을 준비해요.

2 주변의 자연물을 찾아 보물찾기 도안에 체크해요.

> 숲속에 어떤 보물이 숨어 있을까?

3 활동을 마치고 어떤 자연물을 찾았는지 이야기 나누어요.

봄 23 # 종이컵 봄꽃 팔찌

종이컵은 쉽게 구할 수 있어 놀잇감으로 많이 활용하지요. 그중 종이컵 쌓기가 단연 인기고요. 오늘은 색다르게 종이컵을 이용해 봄놀이를 해 보세요. 무한으로 변신이 가능한 종이컵과 자연물이 만나면 아이들의 창의력이 더욱 빛나는 작품으로 다시 태어난답니다. 종이컵으로 만든 봄꽃 팔찌는 아이들이 봄의 아름다움을 다시금 새롭게 느끼는 계기가 될 거예요.

놀이 목표 봄의 자연물에 관심을 가져요. 창의력과 표현력을 길러요.

놀이 준비 봄꽃, 색깔 종이컵, 가위, 양면테이프, 테이프

 연계 그림책

《봄마다 축제》
카멜리아 케이 글/앨린 하워드 그림, 웅진주니어

《어느새, 바람》
남윤잎 글·그림, 웅진주니어

1 색깔 종이컵을 준비해요.

2 종이컵을 잘라서 손목시계 모양으로 만들어요.

3 종이컵 바닥에 양면테이프를 붙인 다음, 자연물을 올려요.

줄 부분에 스티커를 붙이거나 그림을 그려 꾸며도 좋아요.

4 손목에 두른 다음 테이프로 붙여서 봄꽃 팔찌를 완성해요.

봄 24 팽팽 잘 도는 실팽이

팽이가 돌아가는 모습을 본 적 있나요? 만약 빨간색과 하얀색이 섞인 팽이라면 빙글빙글 돌면서 분홍색으로 보이죠. 팽이를 돌리면 이렇게 색이나 모양이 회전하며 섞이는 모습이 신기하고 재미있어요. 그중 실팽이는 단추나 얇은 나무, 골판지 등에 구멍을 뚫어 실을 꿴 것인데, 봄 장식을 덧붙이면 실을 잡아당겨 돌릴 때 자연물의 모양과 색의 변화를 더 간단히 살펴볼 수 있답니다.

놀이 목표 미적 감각을 길러요. 실팽이의 과학 원리를 경험해요.

놀이 준비 다양한 자연물, 상자, 도톰한 털실, 송곳, 양면테이프, 가위

 연계 그림책

《윙윙 실팽이가 돌아가면》
미야가와 히로 글/하야시 아키코 그림, 한림출판사

《돌아라! 팽이야》
임서하 글/유명금 그림, 키큰도토리

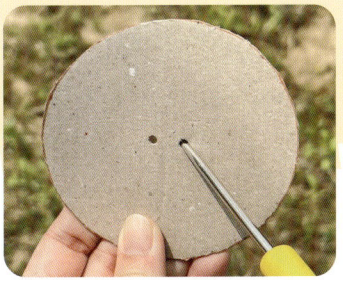

1 상자를 동그랗게 자른 다음, 가운데에 구멍을 2개 뚫어요.

구멍에는 양면테이프를 붙이지 않아요.

2 양면테이프로 자연물을 붙여요.

묶은 후의 털실 길이가 어깨너비가 되도록 해요.

3 털실을 구멍에 끼운 다음, 털실 끝끼리 묶어서 양손을 걸 수 있도록 해요.

4 양손으로 털실 끝을 잡고 팽이를 빙글빙글 돌려서 줄을 꼰 다음, 줄을 잡아당겼다 풀었다를 반복하면 팽이가 쌩쌩 돌아가요.

 실팽이가 돌아갈 때 나는 소리는 뭐죠?

팽이가 돌아가면서 공기를 진동시키고, 공기의 진동이 우리 귀에 닿아 소리를 전하는 것이에요. 공기가 없는 우주에서는 소리가 전달되지 않는답니다.

45

봄 25 벚꽃이 떨어지면

벚꽃이 한창일 때는 나무에 눈송이가 내려앉은 것 같은 착각이 일어요. 그 아름다운 광경을 보기 위해 따로 휴가를 내 벚꽃놀이를 가는 사람들도 있지요. 아쉽게도 벚꽃이 피어 있는 시기는 길어야 보름쯤으로 짧은 편이랍니다. 비가 오거나 바람이라도 부는 날이면 꽃잎이 다 떨어져 버릴까 걱정될 정도지요. 하지만 바닥에 떨어진 꽃잎으로 신나게 노는 아이들을 본다면 그렇게 아쉽지만은 않을 거예요.

놀이 목표 벚꽃을 탐색하며 계절감을 느껴요. 창의적 사고력을 길러요.

놀이 준비 `공통` 벚꽃과 자연물 `놀이1` 상자, 가위, 커터칼, 투명 시트지
　　　　　　`놀이2` 우산 `놀이3` 휴지심, 양면테이프, 가위, 풍선

 연계 그림책

《벚꽃이 살랑》
이수연 글 / 조에스더 그림, 키즈엠

《코딱지 코지의 벚꽃 소풍》
허정윤 글·그림, 웅진주니어

놀이1 벚꽃 액자

끈끈한 부분이 위를 향하도록 해요.

1 상자를 나무 액자 모양으로 잘라 내요.

2 뒷면에 투명 시트지를 붙여요.

3 떨어진 벚꽃을 시트지에 올려서 붙여요.

4 자연물로 더 꾸며서 벚꽃 액자를 완성해요.

놀이2 꽃비가 내려요

1 우산을 뒤집어 놓고 벚꽃을 가득 담아요.

2 벚꽃을 가득 담은 우산을 쓰면 꽃비가 내려요.

놀이3 벚꽃 폭죽

1 휴지심 끝에 양면테이프를 붙여요.

2 풍선 입구를 묶고 반대쪽은 잘라요.

3 양면테이프의 이형지를 떼어 내고 풍선을 붙여요.

4 휴지심에 벚꽃을 넣어요.

5 풍선 입구를 잡아당겼다 놓으면 폭죽처럼 벚꽃이 날아가요.

6 가을에는 낙엽 폭죽을 날려 보세요.

> 휴지심 대신 종이컵 바닥을 뚫어 만들 수 있어요.

봄 26 찰칵! 숲을 담는 사진사

사진은 촬영하는 사람이 누구냐에 따라 같은 나무를 찍어도 모두 달라요. 보이는 것도, 느끼는 것도 관점에 따라 달라지기 때문이죠. 숲을 담는 사진사 놀이를 해 보면 아이들만의 독특한 시선을 알 수 있어요. 사진 찍기 놀이를 통해 그동안 무심코 지나치던 대상을 관찰할 수 있고, 다양한 관점으로 대상을 바라보는 법도 배울 수 있어요. 아이들은 어떤 시선으로 주변을 보는지 함께 살펴볼까요?

놀이 목표 봄 풍경에 관심을 가져요. 창의력과 상상력을 길러요.

놀이 준비 코팅지, 가위, 커터칼, 프레임 도안

연계 그림책

《숲속 사진관》 이시원 글·그림, 고래뱃속
《모여라, 사진 찍자!》 레니아 마조르 글/파비엥 옥토 랑베르 그림, 에듀앤테크

1 프레임 도안을 코팅해서 모양대로 잘라요.

2 프레임의 화면 부분을 커터칼로 도려내요.

  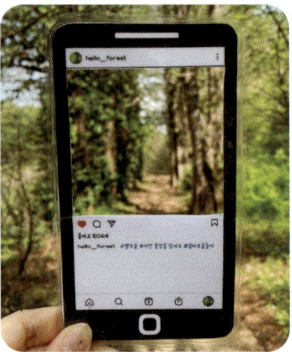

3 다양한 풍경을 프레임에 담으며 이야기 나눠요.

봄 27 봄빛 만화경

봄은 그 어느 때보다 화려한 계절이죠. 색색의 꽃들 위로 햇살이 눈부시게 부서지니까요. 화려한 봄의 세계를 한곳에 집어넣어 관찰할 방법이 있어요. 바로 만화경을 이용하면 된답니다. 만화경은 거울 세 장을 긴 통에 넣은 후, 다양한 색과 모양의 조각들을 넣어 들여다보는 도구예요. 모든 게 대칭으로 보이기 때문에 아이들이 재밌게 거울의 반사를 경험하기에 좋답니다.

놀이 목표 만화경으로 아름다운 모양을 감상해요. 과학적 사고의 폭을 넓혀요.

놀이 준비 다양한 자연물, 만화경(헬로숲 스마트 스토어)

연계 그림책

《14마리의 봄 소풍》
이와무라 카즈오 글·그림, 진선아이

《봄은 고양이》
이덕화 글·그림, 길벗어린이

1 만화경을 준비해요.

2 만화경 안에 자연물을 넣어요.

만화경은 어떻게 신비한 무늬를 만드나요?

거울은 빛을 반사해 물체의 모양을 비추어 보는 물건이에요. 만화경 속에 있는 3개의 거울이 서로 60°의 각으로 맞닿아 정삼각형을 이뤄요. 만화경으로 물체를 보면 물체가 거울에 비치게 되고, 거울에 비친 상은 다시 반대편 거울에 반사됩니다. 이렇게 거울의 상이 끝없이 반복되면서 신비로운 무늬가 만들어지는 거예요.

3 렌즈를 돌리면서 거울에 비친 자연물의 모습을 관찰해요.

봄 28 바질 토핑 피자

아이와 식물원에 놀러 갔다가 바질 씨앗을 선물받았어요. 바질은 요리에 넣는 향신료의 일종으로 차나 약으로도 많이 쓰여요. 집에서 키우기도 쉬워서 아이와 함께 씨앗을 심었더니 무럭무럭 잘 자랐답니다. 직접 키운 바질 잎으로 피자를 만들어 봤어요. 바질은 모차렐라치즈, 토마토와 어울리는 맛이니까요. 피자 위에 토핑으로 얹으면 꼬마 요리사들의 오감을 자극해 줄 거랍니다.

놀이 목표 오감을 자극해요. 바람직한 식습관을 만들어요.

놀이 준비 바질 잎, 밀가루 반죽, 밀대, 토마토 소스, 토핑(토마토, 치즈, 햄 등), 숟가락

 연계 그림책

《코코아 샘 : 바질 잎의 수수께끼》
카통 글·그림, 보림

《아빠와 함께 피자 놀이를》
윌리엄 스타이그 글·그림, 보림

바질 피자 만들기

1 밀가루 반죽을 밀대로 넓게 펴요.

2 반죽 위에 토마토소스를 발라요.

3 바질 잎과 다양한 토핑을 올려요.

4 오븐에 구워 맛있는 바질 피자를 완성해요.

바질 씨앗 받기

1 바질에 꽃이 폈어요.

2 꽃이 지고 나면 씨방 안쪽에서 씨앗을 받을 수 있어요.

봄 29 색색 가지 봄의 색채

봄의 색채만큼 다양한 색이 있을까요? 같은 붉은색이어도 어떤 빛을 더 많이 띠냐에 따라 다홍, 진홍, 진분홍, 연분홍일 수 있고, 같은 초록색이라고 해도 크레파스나 색연필, 사인펜, 물감 등 도구에 따라 다르게 표현되지요. 아이들과 숲에서 뛰어놀며 자연의 다양한 색깔을 발견해 보세요. 아이들은 색채의 미묘한 차이와 아름다움에 대해 많은 걸 배울 수 있을 거예요.

놀이 목표 봄에 볼 수 있는 색에 관심을 가져요.
색상 분별력을 키우고 신체 발달을 도와요.

놀이 준비 모양 펀치, 가위, 색채 카드 도안

연계 그림책

《알록달록 원하는 색깔로 그리는 상상 가득한 세상》
줄리아 도널드슨 글/샤론 킹 차이 그림,
사파리

《모두가 빛나요》
에린 베커 글·그림, 웅진주니어

도안이 없을 때는 색종이를 활용하세요.

1 색채 카드 도안을 출력한 후, 모양을 따라 잘라요.

2 색을 보고 나만의 색이름을 정해 적어요.

3 모양 펀치로 색채 카드에 구멍을 뚫어요.

색채 카드 위에 자연물을 올려놓고 색채를 비교해도 좋아요.

4 색채 카드의 구멍을 통해 다양한 자연물을 탐색하며 색깔을 찾아요.

봄 30 컵케이크 소꿉놀이

자연에서 어떻게 아이와 함께 놀아야 할지 잘 모르겠다면 가장 먼저 소꿉놀이를 추천해요. 어린 시절, 모래로 밥을 짓고 꽃잎으로 김치를 담아 나뭇잎에 담아내던 기억이 있을 거예요. 엄마 아빠 역할을 바꿔 가며 했던 소꿉놀이는 즐거웠던 유년기 추억을 장식하고 있지요. 아이들과 함께 흙과 봄꽃들을 이용해 컵케이크를 만들어 보세요. 행복한 추억을 선물해 줄 수 있을 거예요.

놀이 목표 상상력과 표현력을 길러요. 상호 작용을 통해 사회성을 길러요.

놀이 준비 다양한 자연물, 유산지 컵, 모종삽

 연계 그림책

《꽃피는 숲속 케이크 가게》
아라이 에쓰코 글/구로이 겐 그림, 책빛

《특별 주문 케이크》
박지윤 글·그림, 보림

1 자연물을 채집해요.

흙을 많이 담으면 유산지가 벌어져 흙이 쏟아지니 적당히 담아요.

2 유산지 컵을 여러 겹 겹쳐 놓고, 모종삽으로 흙을 담아요.

3 자연물로 컵케이크를 꾸며요.

4 봄꽃 컵케이크로 소꿉놀이를 해요.

봄 31 숲속 나라 왕관 놀이

왕이나 여왕이 머리에 쓰는 왕관은 그 형태와 사용되는 재료가 나라마다 매우 다양해요. 우리나라는 신라 시대 금관이 유명하죠. 커다란 보석들이 박힌 서양식 왕관도 있답니다. 고대 그리스와 로마 시대에는 왕관을 월계수로 만들었대요. 봄이 온 숲속 나라에서 다양한 자연물로 왕관을 만들어 보세요. 왕관을 쓰면 왕이 된 것 같은 특별한 기분 때문에 아이들은 왕관 놀이를 무척 즐거워한답니다.

놀이 목표 자연물을 채집하며 신체를 발달시켜요. 창의적 표현력을 길러요.

놀이 준비 다양한 자연물, 가위, 양면테이프, 왕관 도안

연계 그림책

《괜찮아 아저씨》
김경희 글·그림, 비룡소

《다섯 개의 왕관》
박은미 글·그림, 소년한길

1 왕관 도안을 출력하여 모양대로 잘라요.

2 양면테이프를 붙여요.

3 양면테이프의 이형지를 떼어 내고 자연물을 붙여요.

4 자연물 왕관을 쓰고 숲속의 왕자와 공주가 되어 보아요.

봄 32 꽃잎 발색 종이 인형

다양한 나뭇잎과 꽃잎을 만날 수 있는 봄은 자연물로 그림 그리기에 딱 좋은 계절이에요. 숲에서 채집한 여러 가지 잎과 꽃들을 종이에 문질러 보세요. 연두색으로 보이던 나뭇잎도 문질러 색을 내면 진초록색이 나오고, 분홍색으로 보이던 꽃잎에서 보라색이 나오기도 해요. 자연물을 문질러 색칠하는 놀이는 숨겨진 색을 발견할 수 있어 아이들이 무척 신기해하는 놀이랍니다.

놀이 목표 자연물의 다양한 색을 경험해요. 예술 감각을 키워요.

놀이 준비 다양한 자연물, 가위, 그리기 도구(색연필, 사인펜 등) 종이 인형 도안

 연계 그림책

《종이 인형 비비》
박은미 글·그림, 토마토하우스

《종이 인형》
줄리아 도날드슨 글/레베카 콥 그림,
상상스쿨

머메이드지로 출력하면 색이 더욱 잘 표현돼요.

1 종이 인형 도안을 출력하여 모양대로 잘라요.

2 인형 얼굴에 표정을 그려요.

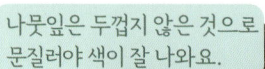

나뭇잎은 두껍지 않은 것으로 문질러야 색이 잘 나와요.

3 인형 옷에 다양한 꽃과 잎을 살살 문질러서 색을 입혀요.

4 인형 옷을 갈아입히며 놀아요.

봄 33 봄의 색을 찾아 숲으로

봄이 되면 파릇파릇 돋아난 새싹과 알록달록 만발한 봄꽃이 푸르른 하늘색과 만나 아름다운 풍경을 만들어요. 우리의 다양한 감각 중에서도 특히 시각은 가장 큰 부분을 차지하고 있는데요. 특히 유아기에는 다양한 색을 통해 두뇌가 자극된답니다. 아이들이 봄의 다채로운 색을 경험할 수 있도록 색깔 놀이를 해 보세요. 색색의 종이컵 등 도구들을 이용하면 색깔 놀이가 더욱 풍요로워진답니다.

놀이 목표 다양한 색깔에 관심을 가져요. 관찰력과 집중력을 길러요.

놀이 준비 `공통` 다양한 자연물 `놀이1` 나무 집게, 가위, 봄 색상환 도안 `놀이2` 색깔 종이컵 `놀이3` 휴지심, 색종이, 풀

연계 그림책

《이 색 다 바나나》
제이슨 풀포드 글／타마라 숍신 그림, 봄볕

《네 기분은 어떤 색깔이니?》
최숙희 글·그림, 책읽는곰

놀이1 봄 색상환

1 봄 색상환을 오려서 준비해요.

2 같은 색깔의 자연물을 찾아 색상환 위에 집게로 꽂아요.

놀이2 색깔 종이컵

1 다양한 색깔의 종이컵을 뒤집어 놓아요.

2 같은 색깔의 자연물을 찾아 종이컵 바닥에 올려요.

놀이3 색깔 휴지심

1 휴지심을 다양한 색깔의 색종이로 감싸서 붙여요.

2 같은 색깔의 자연물을 찾아 휴지심에 꽂아요.

55

봄 34 봄꽃 애벌레

나비는 처음엔 알로 태어나 봄이 오면 애벌레가 되지요. 애벌레들은 열심히 풀잎을 갉아먹어 오동통 살을 찌우고 번데기를 거쳐 드디어 날개를 뽐내는 예쁜 나비가 된답니다. 봄 숲에서는 나비의 애벌레를 많이 만나 볼 수 있어요. 나비마다 각양각색의 날개가 있는 것처럼 애벌레 또한 다양한 생김새를 가지고 있지요. 애벌레를 잘 관찰해 아이들만의 봄꽃 애벌레를 만들어 보는 건 어떨까요?

놀이 목표 나비의 한살이에 관심을 가져요.
창의적 표현력과 심미감을 길러요.

놀이 준비 다양한 자연물, 눈코입 스티커, 양면테이프, 가위, 커터칼
애벌레 도안

연계 그림책

《노스애르사애》
이범재 글·그림, 계수나무

《꼬물꼬물 애벌레 코라》
엠마 트렌터 글, 배리 트렌터 그림, 사파리

1 애벌레 머리가 있는 도안1은 몸통 안을 오려 내고, 머리 없는 도안2는 양면테이프를 붙여요.

색연필이나 사인펜으로 직접 그려도 좋아요.

2 도안1의 애벌레 머리에 눈코입을 붙여서 꾸며요.

3 도안2의 양면테이프 이형지를 떼어 내고 자연물을 붙여요.

4 도안2 위에 도안1을 붙여서 봄꽃 애벌레를 완성해요.

5 애벌레 모양을 따라 잘라서 놀아 보세요.

봄 35 봄날의 추억을 담은 병

무엇이든 담을 수 있는 병이 있다면 무엇을 담고 싶나요? 봄의 꽃향기, 따스한 봄바람, 지저귀는 새소리, 알록달록 예쁜 꽃잎 등 아이와 함께한 봄날의 추억을 모두 담을 수 있다면 얼마나 좋을까요? 이번에는 속절없이 흘러가는 봄을 아이들과 함께 종이 병에 담아 보세요. 담기는 건 여러 가지 꽃잎과 풀잎, 나뭇잎이겠지만 부모님과 함께한 시간의 향기와 바람과 소리들도 추억으로 함께 담길 거예요.

놀이 목표 봄의 소중함을 느껴요. 심미감과 생태 감수성을 길러요.

놀이 준비 다양한 자연물, 상자, 네임펜, 가위, 커터칼, 투명 시트지

 연계 그림책

《봄 숲 놀이터》
이영득 글/한병호 그림, 보림

1 상자를 다양한 병 모양으로 잘라요.

2 네임펜으로 병의 외곽선과 꽃이 담길 안쪽 부분을 그려요.

> 병 안쪽을 오리는 것은 위험하니 어른들의 도움이 필요해요.

3 병의 안쪽을 오려 내요.

4 투명 시트지를 붙인 후, 병 모양을 따라 잘라 내요.

5 자연물을 붙여요.

6 봄날의 추억을 병에 가득 담았어요!

봄 36 세상에 단 하나, 나뭇잎 가면

커다란 나뭇잎은 종종 아이들을 상상에 빠져들게 해요. 상상 속에서 나뭇잎은 비를 막는 우산이 되기도 하고, 때론 맛있는 음식을 담는 쟁반이 되고, 멋진 가면이 되기도 하죠. 특히나 가면은 원하는 무엇으로든 변신할 수 있는 마법의 도구랍니다. 어떤 나뭇잎으로 가면을 만들면 좋을지, 가면은 어떻게 꾸밀지, 아이와 함께 이야기 나누며 세상에서 단 하나뿐인 가면을 만들어 보세요.

놀이 목표 미적 감각을 길러요. 창의력과 상상력을 키워요.

놀이 준비 커다란 나뭇잎과 다양한 자연물, 가위, 양면테이프

플러스 놀이 나뭇잎 가면 도안

연계 그림책

《알아맞혀 봐! 곤충가면놀이》
안은영 글·그림, 천개의바람

얇은 잎은 흐물거리니 도톰하고 빳빳한 나뭇잎을 사용해요.

1 커다란 나뭇잎에 구멍 두 개를 뚫고, 양면테이프로 자연물을 붙여서 가면을 꾸며요.

2 자연물 가면이 완성되었어요.

3 가면을 얼굴에 쓰고 상상 속 인물로 변신하며 놀아요.

플러스 놀이

1 커다란 나뭇잎이 없으면 도안으로 준비해요.

2 모양을 따라 오려서 가면 놀이를 해요.

봄 37 쇠뜨기 레고 놀이

비싼 장난감을 사 줘야만 아이들이 잘 놀 수 있는 건 아니랍니다. 자연에서 나는 장난감은 계절마다 바뀌고 환경 오염도 일으키지 않아요. 고정된 놀이 방법이 없어 창의력도 향상시키죠. 레고처럼 놀이할 수 있는 풀이 여기 있어요. 바로 '쇠뜨기'라는 이름의 풀이에요. 쇠뜨기의 마디는 떼어 내기 쉽고 블록처럼 다시 꽂을 수도 있답니다. 아이와 함께 봄 산책을 나섰다면 오늘은 쇠뜨기를 찾아보세요.

놀이 목표 쇠뜨기에 관심을 가져요. 집중력 및 눈과 손의 협응력을 길러요.

놀이 준비 쇠뜨기

 연계 그림책

《봄 여름 가을 겨울 풀꽃과 놀아요》
박신영 글·그림, 사계절

> 아주아주 작은 나무 같아요!

1 쇠뜨기를 탐색해요.

2 쇠뜨기의 마디를 톡톡 떼어 내요.

> 마디를 모두 떼었다가 다시 꽂아서 원래대로 만드는 게임을 해 보세요.

3 떼어 낸 마디를 다시 꽂아요.

봄 38 셀러리 도장 찍기

셀러리는 특유의 향이 있어 아이들이 즐겨 먹기가 힘든 채소 중 하나예요. 이럴 때 채소와 친해지는 놀이를 해 보세요. 아삭아삭한 셀러리를 잘라 알파벳 'C'를 닮은 단면으로 도장 찍기를 하면 물고기 비늘을 표현할 수 있어요. 채소에 대한 즐거운 경험이 아이들의 편식 습관도 바꿔 줄 수 있답니다. 그 밖에 또 어떤 그림을 그릴 수 있을지 아이들과 이야기해 보세요.

놀이 목표 셀러리를 긍정적으로 경험해요. 표현력과 상상력을 길러요.

놀이 준비 셀러리, 물감, 접시(또는 팔레트), 스팽글(생략 가능) 물고기 도안

연계 그림책

《무지개 물고기》
마르쿠스 피스터 글·그림, 시공주니어

《채소가 최고야》
이시즈 치히로 글/야마무라 코지 그림, 천개의바람

1 셀러리를 만지고 냄새 맡고 맛도 보면서 오감으로 탐색해요.

셀러리 도막 개수와 물감 색의 수를 같게 해요.

2 단면이 드러나게 자른 셀러리와 물감을 준비해요.

3 물고기 도안 위에 셀러리 도장을 콕콕 찍으며 무지개 물고기를 만들어요.

4 스팽글로 물고기를 꾸며요.

5 셀러리에 스팽글을 꽂아서 산호를 만들어요.

봄 39 셀러리는 어디로 물을 마실까?

셀러리를 맛본 아이가 채소에는 물이 많이 들어 있는 것 같다면서, 셀러리는 어디로 물을 마시는지 궁금해했어요. 식물은 뿌리에서 흡수한 물과 영양분을 '물관'이라는 통로를 통해 식물의 각 부위로 이동시킨다고 해요. 집에서도 물관을 눈으로 쉽게 확인할 수 있는 놀이가 있어요. 간단한 과학 실험으로 아이들의 궁금증을 해결하고, 나아가 더 많은 호기심을 불러일으켜 보세요!

놀이 목표 식물의 물관을 눈으로 확인해요. 과학적 호기심과 탐구심을 길러요.

놀이 준비 셀러리, 식용색소, 투명한 병, 현미경(생략 가능)

 연계 그림책

《키다리 나무 아저씨의 비밀》
아고스티노 트라이니 글·그림, 예림당

1 투명한 병에 물을 담고, 셀러리를 꽂아요.

2 식용색소를 넣고, 잘 섞어 주세요.

3 하루가 지난 후, 셀러리를 꺼내요.

4 셀러리의 단면을 잘라서 관찰해요.

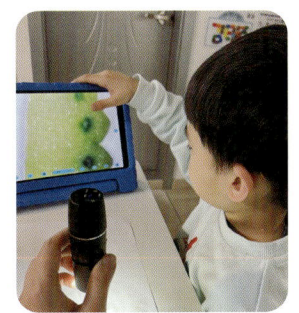

5 현미경이나 돋보기, 루페 등으로 더욱 세밀하게 관찰해 보세요.

봄 40 알록달록 토끼풀 염색

토끼풀은 꽃자루 끝에 나비 모양의 작은 꽃이 여러 개 모여 동그란 꽃을 이뤄요. 이 모양이 토끼 꼬리를 닮았지요. 길가에서 흔히 볼 수 있는 건 흰색 토끼풀인데, 간혹 노란색, 붉은색 꽃을 피우는 토끼풀도 있어요. 알록달록한 토끼풀 꽃은 쉽게 볼 수 없지만, 아쉬워 마세요. 더 다채로운 색으로 염색할 수 있답니다. 식용색소로 토끼풀 꽃을 염색해 보고, 염색되는 이유를 아이와 이야기 나눠 보세요.

놀이 목표　모세관 현상을 이해해요. 과학적 호기심과 관찰력을 길러요.

놀이 준비　자루 달린 토끼풀 꽃, 물약병, 식용색소, 현미경(생략 가능)

연계 그림책

《풀친구》 사이다 글·그림, 웅진주니어
《나는 늑대예요》 이현 글/박재현 그림, 맹앤앵

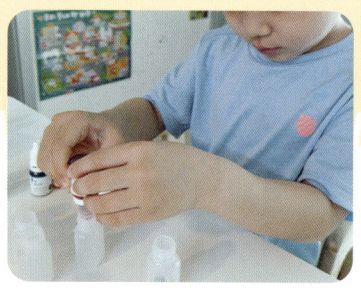

1 물약병에 물을 담고 식용색소를 넣어요.

2 토끼풀 꽃을 꽂아요.

식물을 키울 때 왜 흙에 물을 주는 거예요?

식물이 뿌리를 통해 물을 빨아들이기 때문이에요. 식물의 가장 아랫부분인 뿌리에 물을 주어도 식물 구석구석을 연결하는 물관을 타고 잎 끝까지 올라가죠. 이렇게 액체가 중력의 도움 없이도 이동하는 현상을 모세관 현상이라고 부른답니다.

3 하루가 지난 후, 토끼풀 꽃을 꺼내서 꽃자루와 꽃잎을 관찰해요.

4 현미경이나 돋보기, 루페 등으로 더욱 세밀하게 관찰해 보세요.

봄 41 피망 모양 토끼풀

'푸드 브릿지(Food Bridge)'는 아이들이 싫어하는 음식을 다양한 방법으로 노출하면서 식습관을 교정하는 방법이에요. 푸드 브릿지 1단계는 음식과 친해지기 시작하는 단계로, 아이가 오감으로 음식을 탐색하게 해요. 장 보기, 채소 키우기, 관련 그림책 읽기, 미술 놀이 등이 1단계의 활동들이랍니다. 피망을 싫어하는 아이라면 단면이 토끼풀을 닮은 피망으로 도장 놀이를 하며 피망과 친해져 볼까요?

놀이 목표 피망을 긍정적으로 경험해요. 창의적 표현력을 길러요.

놀이 준비 피망(또는 파프리카), 물감, 붓, 접시(또는 팔레트), 색연필 어린이용 요리칼, 포크, 토끼풀 찍기 배경 도안

연계 그림책

《초록초록》 이순옥 글·그림, 사계절
《과자가 되고 싶은 피망》 이와카미 아이 글·그림, 길벗스쿨
《마니마니 행복해》 정홍 글/김지혜 그림, 서울문화사

1 피망을 탐색해요.

2 피망을 칼로 잘라요.

3 피망에 물감을 칠하며 단면을 관찰해요.

> 피망을 포크로 찍어 손잡이를 만들면 편해요.

4 도안 위에 피망 도장을 찍어서 토끼풀을 표현해요.

> 색연필로 줄기를 그려도 좋아요.

5 토끼풀 그림을 완성해요.

봄 42 식용 꽃 토핑 피자

먹을 수 있는 꽃이 있다고 하면 아이들은 신기해해요. 국화, 캐모마일, 라벤더, 민들레, 진달래, 팬지, 애호박꽃, 재스민 등을 먹을 수 있는데, 꽃차, 비빔밥, 샐러드, 파스타 등에 사용한답니다. 먹는 꽃으로 요리를 하면 보는 즐거움과 함께 파이토케미컬 영양소도 섭취할 수 있어요. 식용 꽃으로 아이들이 좋아하는 피자를 함께 만들면 어떨까요? 그 자체로 놀이가 될 수 있고, 맛있는 간식은 덤이 되겠지요?

놀이 목표 꽃의 다양한 활용을 경험해요. 창의력을 길러요.

놀이 준비 식용 꽃, 피자 만들기 키트(피자 도우, 피자 치즈, 토마토 소스, 각종 토핑으로 구성)

연계 그림책

《꽁꽁꽁 피자》 윤정주 글·그림, 책읽는곰
《피자를 먹지 마!》 존 버거맨 글·그림, 토토북

1 피자 도우 위에 토마토 소스를 발라요.

2 피자 치즈를 골고루 뿌려요.

플러스 놀이

물에서 꽃향기가 나요!

식용 꽃을 넣어 얼린 얼음으로 아이스 꽃티를 만들어 곁들여 보세요.

주황색 꽃은 오렌지 맛이 날 거 같아요!

3 각종 토핑과 식용 꽃을 올려요.

4 오븐에 구워서 완성해요.

봄 43 달콤 사르르 꽃 사탕

아이와 요리를 자주 하나요? 아이들은 요리를 통해 부모와 한층 더 친밀해지고, 수학과 과학 개념을 배우며, 창의력을 발달시켜요. '잘게 다진다, 어슷어슷 채 썬다, 자작하게 조린다.' 같은 생소한 언어 표현까지 익힐 수 있답니다. 특히 아이들이 좋아하는 음식을 함께 만든다면, 아이들의 만족감과 성취감도 높아질 거예요. 오늘은 봄꽃으로 사탕을 만들어 보세요. 달콤 사르르 봄맛이 사랑으로 느껴질 거랍니다.

놀이 목표 부모와 정서를 교감해요. 언어 표현력을 길러요.

놀이 준비 식용 꽃, 사탕 스틱 또는 짧은 빨대, 롤리팝 실리콘 몰드, 냄비
설탕물 재료(종이컵 기준, 흰 설탕 1컵, 물 1/4컵, 물엿 1/2컵)

연계 그림책

《사탕》 차재혁 글/최은영 그림, 노란상상

《내 사탕 어디 갔어?》
김릴리 글·그림, 위즈덤하우스

《오늘도 꿈사탕 가게》
콘도우 아키 글·그림, 길벗스쿨

끓일 때 절대 젓지 마세요!
설탕물이 딱딱해져요.

1 냄비에 설탕물 재료를 넣고 끓이다가 팔팔 끓으면 찬물에 조금 떨어뜨려 잘 굳는지 확인하고 불을 꺼요.

2 유산지 위에 꽃잎을 놓아요.

설탕물이 살짝 식었을 때 빨대를 올려 주세요.

3 꽃 위에 설탕물을 적당량 붓고, 사탕 스틱이나 짧은 빨대를 얹어요.

4 실리콘 몰드를 이용하면 모양 사탕을 만들 수 있어요.

5 달콤한 꽃 사탕을 맛있게 먹어요.

봄 44 빙글빙글 나뭇잎 바람개비

어린 시절에 바람개비를 손에 들고 동네를 뛰어다녔던 기억 있으신가요? 색종이를 대각선으로 자른 뒤 모서리를 가운데로 구부려 모아서 수수깡에 핀으로 꽂으면 빙글빙글 돌아가는 바람개비가 만들어지지요. 색종이 대신 나뭇잎으로도 바람개비를 만들 수 있어요. 나뭇잎 위에 글라스펜이나 물감을 이용해 그림을 그리면 바람개비가 빙빙 돌 때 알록달록 더욱 다채로운 형상들을 볼 수 있답니다.

놀이 목표 바람개비를 경험하고 원리를 이해해요. 심미감을 길러요.

놀이 준비 나뭇잎, 바람개비 만들기 키트(헬로숲 스마트 스토어), 양면테이프, 글라스펜

연계 그림책

《빙글빙글》 김은경 글·그림, 명주
《꽃에서 나온 코끼리》 황K 글·그림, 책읽는곰

1 바람개비 날개에 양면테이프를 붙여요.

2 나뭇잎에 글라스펜으로 그림을 그려요.

바람개비는 어떻게 돌아가나요?

바람개비는 바람의 힘을 받아 회전해요. 중심축 주위의 바람개비 날개가 공기의 흐름을 받아서 빙글빙글 돌아가게 된답니다. 이때 바람의 방향과 세기에 따라 바람개비가 회전하는 속도가 달라져요. 바람개비가 돌아가는 것을 보며 바람의 힘을 간접적으로 확인할 수 있답니다.

3 바람개비 날개에 양면테이프로 나뭇잎을 붙여요.

4 바람개비를 조립해서 완성해요.

5 바람개비를 빙글빙글 돌리며 놀아요.

봄 45 봄을 비빈 비빔밥

비빔밥은 밥에 여러 가지 나물과 볶은 고기, 달걀 지단 등을 넣고 참기름과 양념장을 넣어 비빈 우리나라 전통 음식이에요. 아이들과 봄에 볼 수 있는 다양한 자연물을 이용해 봄 비빔밥을 만들어 보세요. 레시피는 아이들의 상상력에 맡겨 주세요. 풀 줄기는 나물이, 잘게 다진 잎은 김 가루가, 노란 꽃잎은 달걀 지단이, 작은 돌멩이는 소고기가 될 수 있답니다. 아이들과 함께 봄을 흠뻑 넣고 비벼 보세요.

놀이 목표 다양한 자연물에 관심을 가져요. 상상력과 창의력을 길러요.
놀이 준비 다양한 자연물, 그릇, 가위, 연필, 비빔밥 도안

 연계 그림책

《비빔밥 꽃 피었다》
김황 글/전명진 그림, 웅진주니어

《비벼, 비벼! 비빔밥》
김민지 글/김고은 그림, 미래아이

1 비빔밥 도안 뒷면에 그릇을 엎어 놓고 둘레를 따라 그려요.

그릇에 들어갈 수 있게 외곽선보다 안쪽으로 오려 주세요.

2 도안을 오린 다음, 그릇 안에 넣어요.

봄 비빔밥에 어떤 재료가 들어가면 좋을까?

3 자연물을 채집해요.

4 자연물을 도안 위에 얹어서 봄 비빔밥을 완성해요.

봄 46 오크라 안에 꽃 있다

낯선 음식 재료는 호기심과 탐구심을 불러일으키죠. 가끔은 아이들이 다른 나라의 낯선 채소를 경험하도록 준비해 보세요. 아이들 견문이 넓혀지는 건 물론 창의력도 함께 높일 수 있답니다. 아프리카가 원산지인 채소 '오크라'는 샐러드, 무침, 볶음, 튀김, 수프 등에 이용해요. 겉모양은 각진 고추처럼 생겼는데, 칼로 자른 단면은 오각형이에요. 별처럼 보이기도 하고, 꽃처럼 보이기도 해 아름답답니다.

놀이 목표 오크라에 관심을 가져요. 관찰력과 표현력을 길러요.

놀이 준비 오크라, 플라스틱 빵칼, 스탬프, 리스 도안
플러스 놀이 종이, 그리기 도구

연계 그림책

《꽃을 선물할게》 강경수 글·그림, 창비
《꽃 속에는 뭐가 있을까?》
레이철 이그노토프스키 글·그림, 달리

1 오크라를 오감으로 탐색해요.

오크라를 자르면 어떤 모습일까?

2 오크라를 잘라서 스탬프 색마다 하나씩 준비해요.

플러스 놀이

도안 없이 자유롭게 그림 그리고 도장을 찍어도 좋아요.

3 오크라에 스탬프 잉크를 묻혀 리스 도안에 찍어요.

4 풍성하게 찍어서 리스를 완성해요.

봄 47 꽃 귀를 쫑긋, 토끼 가면

토끼는 쫑긋하고 길쭉한 귀와 귀여운 외모 덕분에 아이들에게 인기가 많은 동물 중 하나예요. 동물로 태어난다면 토끼가 되고 싶다고 이야기하는 아이들도 많답니다. 아이들과 토끼 가면을 만들어 보세요. 가면을 쓰고 하는 역할 놀이는 세상을 간접적으로 경험하게 하고 여러 존재에 대해 생각하게 한답니다. 오늘은 토끼의 기다란 귀에 봄을 가득 채우고 토끼가 되는 놀이를 해 보세요.

놀이 목표 사회성과 공감 능력을 길러요. 창의력과 미적 감수성을 길러요.

놀이 준비 다양한 자연물, 투명 시트지, 가위, 커터칼, 나뭇가지 테이프, 두꺼운 종이, 토끼 가면 도안

연계 그림책

《짧은 귀 토끼》 다원시 글/탕탕 그림, 고래이야기
《큰 토끼 작은 토끼》 이올림 글·그림, 한울림어린이
《토끼 귀가 길어진 이유》 서석영 글/연수 그림, 바우솔

1 토끼 가면 도안을 두꺼운 종이에 붙여요.

2 외곽선을 따라 잘라요.

3 눈과 귀 부분의 구멍을 오려 낸 뒤, 귀 부분에 투명 시트지를 붙여요.

4 귀 부분의 투명 시트지에 자연물을 붙여요.

5 뒷면에 테이프로 나뭇가지를 붙여 손잡이를 만들어 완성해요.

> 손잡이 대신, 도안 양쪽에 구멍을 뚫고 고무줄을 달아서 머리에 써도 좋아요.

봄 48 봄꽃 탐정 놀이

사계절 중 특히 봄에는 다양한 꽃들이 다른 계절보다 더 많이 피어나요. 아직 추위가 가시지 않은 이른 봄에 피는 꽃으로는 매화, 산수유, 목련이 있어요. 그 이후에 개나리와 진달래를 볼 수 있고, 조금 더 따뜻해지면 벚꽃, 유채꽃, 튤립이 피어난답니다. 여름 직전까지 봄을 장식하는 꽃은 철쭉이에요. 자, 돋보기처럼 생긴 봄꽃 관찰판을 들고 우리 모두 봄꽃을 찾는 탐정이 되어 볼까요?

놀이 목표 다양한 봄꽃에 관심을 가져요. 봄꽃의 특징을 탐색해요.

놀이 준비 봄꽃 관찰판(헬로숲 스마트 스토어)

연계 그림책

《봄의 원피스》
이시이 무쓰미 글/후카와 아이코 그림, 주니어김영사

놀이1 봄꽃 익히기

1. 봄꽃 관찰판의 구멍으로 봄꽃을 관찰해요.
2. 봄꽃 관찰판과 비교하며 봄꽃의 이름을 익혀요.

놀이2 닮은 봄꽃 비교하기

매화

벚꽃

진달래

철쭉

영산홍

1. 벚꽃은 꽃자루가 긴 반면, 매화는 꽃자루가 짧아서 꽃이 가지에 딱 붙어 있어요. 벚꽃은 꽃잎 끝에 오목하게 홈이 있고, 매화는 꽃잎이 동그란 모양이에요.

2. 진달래는 꽃이 피었다 진 다음 잎이 나지만, 철쭉은 잎이 나온 후 꽃이 피고, 영산홍은 잎과 꽃이 함께 나와요. 철쭉은 수술이 8~10개이고, 영산홍은 수술이 5~6개 있어요.

봄 49 지구를 살리는 화분

어느 봄날, 꽃 박람회장에서 재활용품을 활용한 텃밭과 정원을 구경한 적이 있어요. 우리 아이는 페트병으로 만든 화분과 자동 급수 시스템을 보고 신기해했지요. 그래서 집으로 돌아와 자동 급수 화분을 만들어 봤어요. 화분에 직접 강낭콩을 심고 키우면서 식물의 성장 과정도 관찰하고, 지구 환경을 위해 어떤 실천을 할 수 있는지도 함께 생각하는 소중한 계기가 되었답니다.

놀이 목표 식물의 성장에 관심을 가져요. 자동 급수 화분의 원리를 이해해요.

놀이 준비 사각 페트병, 부직포 행주, 커터칼, 가위, 흙, 씨앗

📖 연계 그림책

《화분을 키워 주세요》
진 자이언 글/마거릿 블로이 그레이엄 그림,
웅진주니어

1 사각 페트병을 반으로 잘라서 화분과 물받침을 만들어요. (화분으로 쓰여요. / 물받침으로 쓰여요.)

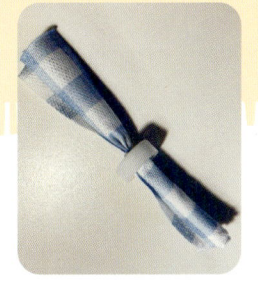

2 페트병 뚜껑에 열십자(+) 모양으로 구멍을 낸 다음, 부직포 행주를 끼워요.

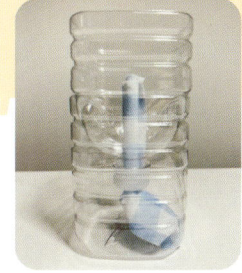

3 페트병 뚜껑을 잠근 후, 물받침에 화분을 뒤집어서 겹쳐요.

🌸 자동 급수 화분이 뭐예요?

말 그대로 물을 자동으로 주는 화분이에요. 화분을 물보다 높은 위치에 두고 아래쪽의 물이 끈이나 천을 타고 자동으로 이동하면서 화분에 물을 주지요. 바로 모세관 현상을 이용한 것이랍니다. 자동 급수 화분으로 식물을 키우면 물을 위에서 줄 때보다 흙에 있는 영양소가 빠져나가지 않아서 좋다고 해요.

4 화분에 흙을 담고 씨앗을 심어요.

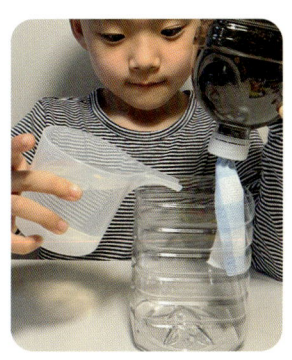

5 물받침에 물을 채워요.

봄 50 달콤플플 디저트 가게

여기 달콤한 디저트를 파는 '달콤플플 가게'가 있어요. 달콤플플이 뭐냐고요? 달콤한 와플과 크로플을 파는 가게랍니다. 밀가루를 반죽해 만든 진짜 디저트가 아니라, 사진과 그림을 오려 만든 디저트예요. 진짜 먹을 수 없어 조금 아쉽지만, 아이가 좋아하는 다양한 재료들을 듬뿍듬뿍 넣을 수 있답니다. 영양이 가득한 생과일 주스도 있어요. 쿠폰 적립도 가능하니, 달콤플플 디저트 가게에 많이 들러 주세요.

놀이 목표 디저트에 관심을 가지고, 다양한 재료료 표현해요.
경제 활동을 이해하고 사회성을 길러요.

놀이 준비 공통 가위, 풀, 종이컵, 스티커, 디저트 가게 도안
놀이2 다양한 자연물

연계 그림책

《시루와 커다란 케이크》 권서영 글·그림, 창비
《모두를 위한 케이크》
다비드 칼리 글/마리아 덱 그림, 미디어창비
《스트로 베리 베리 팡팡》
하선정 글·그림, 북극곰

준비 달콤플플 가게 준비

1 가게 간판, 메뉴판, 와플/크로플, 토핑, 카운터를 잘라서 준비해요.

   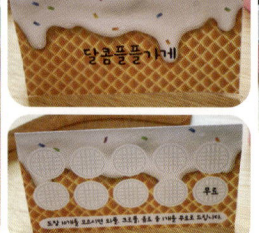 

2 와플 상자, 와플 포장지, 점원 모자, 쿠폰북, 주스컵 도안을 오리고 풀로 붙여서 만들어요.

놀이1
달콤플플 가게 놀이

1 테이블 위에 가게를 차려 놓아요.

2 빵에 토핑을 얹어서 와플을 만들어요.

3 와플 포장지나 와플 상자에 와플을 넣어요.

4 주스컵에 생과일을 넣어서 생과일 주스를 만들어요.

5 쿠폰북에 스티커를 붙여요.

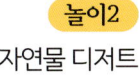

놀이2
자연물 디저트

자연물을 토핑으로 얹어서 와플과 크로플을 만들어요.

봄 51 삐죽 깃털, 나뭇잎 부엉이

'부엉이'라는 이름은 "부엉부엉" 하는 울음소리 때문에 붙여진 것이라고 해요. 부엉이는 올빼미와 비슷하게 생겼는데, 머리 꼭대기에 귀 모양의 깃털(귀깃)이 있는지 없는지에 따라 구별이 된답니다. 부엉이는 삐죽 올라온 귀깃이 있고 올빼미는 없지요. 오늘은 나뭇잎을 이용해 부엉이를 만들어 보았어요. 아마도 아이들은 이 놀이를 통해 부엉이와 올빼미의 차이점을 오랫동안 기억하게 될 거예요.

놀이 목표 부엉이와 올빼미의 차이를 이해해요. 눈과 손의 협응력을 길러요.

놀이 준비 나뭇잎, 가위, 눈 스티커와 다양한 스티커(비즈, 도형 등)

 **연계 그림책**

《숲속 사진관》 이시원 글·그림, 고래뱃속

 'ㅂ'처럼 귀깃이 삐죽 올라왔어요!

1 나뭇잎의 양쪽 옆을 가위로 비스듬히 잘라요.

2 잎자루 부분을 뒤로 내려 접은 다음, 눈 스티커를 붙여요.

3 부엉이 몸통을 스티커로 예쁘게 꾸며서 완성해요.

나뭇잎 모양에 따라 각기 다른 모습으로 만들 수 있어요.

여름 01 후루룩, 풀잎 국수

더운 여름, 에어컨 바람 쐬며 집 안에만 있는 건 아닌가요? 그보다는 숲으로 나가 자연이 선사한 바람을 느끼며 풀잎 국수 한 그릇을 하는 건 어떨까요? 아이와 함께 초록이 풍성한 나무 그늘 아래 앉아 한 가닥 한 가닥 풀잎으로 직접 만든 국수를 후루룩 시원하게 먹어 보는 거예요. 거기에 버찌, 솔방울, 토끼풀, 조약돌로 고명을 얹어 보세요. 어느새 한여름 더위가 저만큼 달아나 있을 거랍니다.

놀이 목표 여름의 자연물에 관심을 가져요. 상상력과 창의력을 길러요.

놀이 준비 기다란 풀잎과 다양한 자연물, 나뭇가지, 그릇

 **연계 그림책**
《풀잎 국수》 백유연 글·그림, 웅진주니어

풀잎을 가로세로로 찢으며 차이를 경험하고, 오감으로 탐색해요.

1 기다란 풀잎을 찢고 잘라서 풀잎 국수를 만들어요.

2 자연물 토핑을 준비해요.

3 풀잎 국수에 다양한 자연물로 토핑을 얹어요.

4 나뭇가지로 만든 젓가락으로 시원하고 상큼한 풀잎 국수를 후루룩 먹어요.

여름 02 # 오늘 내 머리 어때?

여름에는 나뭇잎들의 색이 진해지고, 모양도 개성을 뽐내요. 뾰족한 나뭇잎, 둥근 나뭇잎, 한껏 헝클어진 덤불, 길쭉하게 위로 솟은 풀 등 다양한 모양을 관찰할 수 있지요. 이런 자연물의 모습을 활용해 미용실 놀이를 할 수 있어요. "손님, 어떤 머리를 해 드릴까요?" 하며 뛰어다니는 아이들만 봐도 흐뭇한 미소가 지어진답니다. 어떤 모양은 그럴듯해 감탄하고, 어떤 모양은 우스꽝스러워 웃음이 절로 나오지요.

놀이 목표 다양한 자연물의 생김새에 관심을 가져요. 표현력과 미적 감각을 길러요.

놀이 준비 상자, 가위, 그리기 도구(유성 매직, 크레파스 등)

 연계 그림책

《머리하는 날》 김도아 글·그림, 사계절
《머리숱 많은 아이》
이덕화 글·그림, 위즈덤하우스

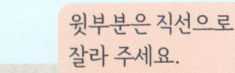
윗부분은 직선으로 잘라 주세요.

1 상자를 목이 있는 얼굴 모양으로 잘라요.

2 눈코입을 그려요. 앞뒷면에 서로 다른 표정으로 그려 주세요.

3 나무에 얼굴을 대며 어울리는 머리를 찾아요.

4 꽃으로 머리를 만들어 보세요.

5 땅에 있는 자연물로도 머리를 만들 수 있어요.

여름 03 양파 모양 달팽이집

여름이면 뜨거운 태양 아래에서 신선한 채소들이 쑥쑥 자라나요. 그중 동그란 양파는 뿌리처럼 보이지만, 껍질이 겹겹이 쌓인 비늘줄기예요. 뿌리는 엄연히 양파 밑에 달려 있답니다. 양파에는 비타민 C, 칼슘, 인, 철 등 영양소가 풍부하지만 특유의 매운맛과 향 때문에 아이들이 꺼려 할 수 있어요. 그럴 때는 아이들과 양파를 도장 삼아 달팽이집을 만들어 보세요. 양파에 대한 좋은 경험이 편식에 도움을 줄 거예요.

놀이 목표 양파의 모양과 단면을 탐색해요. 창의력과 상상력을 길러요.

놀이 준비 양파, 포크, 물감(또는 스탬프), 붓, 접시(또는 팔레트)
달팽이 도안

연계 그림책

《양파야, 뚝!》 와타나베 아야 글·그림, 비룡소
《도망쳐요 달팽 씨》
신민재 글·그림, 책읽는곰

양파를 만진 손으로 눈을 비비지 않도록 지도해요.

1 양파의 모양과 향을 탐색하고, 반으로 잘라서 단면을 관찰해요.

2 반으로 자른 양파의 둥근 부분에 포크를 꽂아 손잡이를 만들어요.

3 양파 단면에 물감을 칠해요.

달팽이가 집을 잃어버렸대. 우리가 만들어 주자!

4 달팽이 도안에 양파 도장을 찍어 달팽이집을 완성해요.

여름 04 동글동글 완두콩 가족

녹색 옷을 입은 완두콩은 동글동글 작고 귀여운 모양이에요. 밥에 넣으면 씹을 때 톡 터지는 식감이 매력적이죠. 완두콩은 비교적 짧은 시간 안에 한살이를 관찰할 수 있고 키우기 까다롭지 않아 집에서도 많이 기른답니다. 초여름 완두콩이 나올 때면 아이들이 손수 콩깍지를 까며 관찰하도록 준비해 보세요. 어떤 콩깍지에서 완두콩이 더 많이 나올지 가슴이 두근두근한답니다.

놀이 목표 완두콩을 오감으로 탐색해요. 집중력과 상상력을 키워요.

놀이 준비 껍질 완두콩, 눈코입 스티커, 놀이 트레이

 연계 그림책

《누에콩의 기분 좋은 날》
나카야 미와 글·그림, 웅진주니어

《콩콩콩콩》 지영우 글·그림, 달리

《완두콩이 데굴데굴》
라이니스 글/아네테 멜레세 그림,
미래아이

1 콩깍지의 모양, 촉감, 냄새 등을 오감으로 탐색해요.

2 콩깍지를 까며 콩이 몇 개 들어 있을지 알아맞히고, 누가 더 많은지 대결도 해요.

완두콩 가족이 모두 여섯 명이에요!

3 눈코입 스티커를 완두콩에 붙여 완두콩 가족을 만들어요.

4 놀이 트레이에 물을 받아 콩깍지를 띄우고, 완두콩 가족을 태우며 놀아요.

여름 05 쓱쓱 자연을 그리는 붓

붓은 나무로 만든 자루에 주로 짐승의 털을 꽂아서 만들어요. 글씨를 쓰거나 그림을 그릴 때, 또는 벽에 페인트를 칠할 때 쓰는 도구죠. 붓은 털의 재질과 모양에 따라 표현이 달라져요. 둥근 붓은 선을 그을 때, 납작한 붓은 널따란 면을 칠할 때 사용하죠. 자, 이번에는 여름철 자연물로 붓을 만들어 그림을 그려 볼 거랍니다. 아이들이 어떤 붓털을 선택하느냐에 따라 쓱쓱 개성 있는 그림들이 탄생할 거예요.

놀이 목표 자연물을 다양하게 활용해요. 색채 감각을 길러요.

놀이 준비 나뭇가지, 붓털로 활용할 다양한 자연물, 물감, 그릇, 끈, 전지
  플러스 놀이 비눗방울 용액, 스팽글

연계 그림책

《숲속의 요술물감》 하야시 아키코 글·그림, 한림출판사

《알록달록 원하는 색깔로 그리는 상상 가득한 세상》 줄리아 도널드슨 글/샤론 킹 차이 그림, 사파리

> 자연물 종류에 따라 다양한 질감을 표현할 수 있어요.

1 나뭇가지에 자연물을 끈으로 매달아서 자연물 붓을 만들어요.

2 그릇에 물감을 짜서 준비해요.

플러스 놀이

솔방울을 매단 붓으로 비눗방울 터트리기 놀이를 해 보세요.

스팽글 등 꾸미기 재료를 붙여서 요술봉도 만들 수 있어요.

3 전지를 벽에 붙이거나 바닥에 깔고 자연물 붓으로 그림을 그려요.

여름 06 DIY 틱택토 게임

무더운 한여름에는 실내에서 하는 보드게임이 최고예요. 아이들이 미디어에 노출되는 시간을 줄이고, 가족과의 유대감을 두터이 쌓을 수도 있지요. 그런데 아이들은 금세 놀이에 싫증을 느끼기도 해요. 이럴 때 새로운 보드게임을 사는 것보다 자연물로 직접 만드는 것을 추천해요. '틱택토 게임'은 '삼목 게임'으로도 부르는데, 널빤지나 돌멩이, 나뭇조각 등을 활용할 수 있답니다.

놀이 목표 집중력과 사고력을 길러요.
성공과 실패를 경험하며 감정을 조절해요.

놀이 준비 게임 말로 사용할 나뭇조각(2가지 모양으로 5개씩)
틱택토 게임판 도안

연계 그림책
《사계절 우리 전통 놀이》
강효미 글/한지선 그림, 미래엔아이세움

> 도안이 없으면 두꺼운 종이에 3X3 격자판을 그려서 사용해요.

1 틱택토 게임판을 가운데에 놓고, 게임 말을 나눠요.

2 게임 순서를 정하고, 각자의 말을 번갈아 가며 게임판에 놓아요.

> 게임판이 말로 가득 차면 게임이 끝나요.

3 오목과 비슷하게 가로나 세로, 또는 대각선 방향으로 3칸을 먼저 이으면 이겨요.

여름 07 보랏빛 추억, 오디 물감

여름을 알리는 대표적인 숲속 열매가 있어요. 바로 오디랍니다. 오디는 뽕나무의 열매로 6~7월이면 검은빛을 띠며 완전히 익어 달콤한 맛이 나요. 이때 뽕나무 아래쪽 땅바닥을 보면 오디가 떨어져 진한 보랏빛이 되어 있지요. 오디 열매를 먹고 나면 입술도 혓바닥도 역시 보라색이 된답니다. 그래서 오디는 천연 염색을 할 때도 쓰여요. 과연 아이들과 함께 만들어 본 오디 물감은 어떤 색과 비슷할까요?

놀이 목표 뽕나무 열매인 오디에 관심을 가져요. 천연물감을 경험해요.

놀이 준비 `공통` 오디, 캔버스 `놀이1` 절구와 절굿공이, 붓 `놀이2` 마스킹 테이프, 지퍼팩

 연계 그림책

《할머니, 어디 가요? 앵두 따러 간다!》
조혜란 글·그림, 보림

오디를 빻으면 무슨 색 즙이 나올까?

놀이1 오디 물감 그림

1 절구에 오디를 넣고 빻아요.

2 오디즙을 붓에 묻혀 캔버스에 칠해요.

3 캔버스를 잘 말려서 오디즙이 마르기 전과 후를 비교해요.

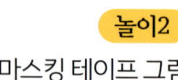  

놀이2 마스킹 테이프 그림

1 캔버스 위에 마스킹 테이프를 모양내서 붙여요.

2 캔버스에 오디를 놓고 지퍼백 안에 넣은 다음, 오디를 꾹꾹 눌러 터트려서 캔버스를 물들여요. 다 마른 후에 마스킹 테이프를 떼어 내면 멋진 그림이 완성돼요.

여름 08 # 토스트엔 오디잼이지!

오디는 연한 초록색에서 검은빛을 띤 붉은색으로 익어요. 간식이 귀하던 시절에는 주변에서 쉽게 볼 수 있는 오디가 인기 만점 먹거리였다고 해요. 지금은 뽕나무가 흔하지 않아 열매로는 자주 볼 수 없지만 오디차, 오디술, 오디젤리, 오디잼, 오디청 등의 다양한 음식으로 즐길 수 있답니다. 숲에서 오디를 발견했다면 아이들과 오디의 쓰임에 대해 이야기하며 재미있게 토스트 놀이를 해 보세요.

놀이 목표 오디에 관심을 가져요. 관찰력과 탐구력을 키워요.

놀이 준비 오디와 다양한 자연물, 상자, 흰 종이, 가위, 풀, 절구와 절굿공이, 숟가락

 연계 그림책

《버찌 잼 토스트》
문지나 글·그림, 북극곰

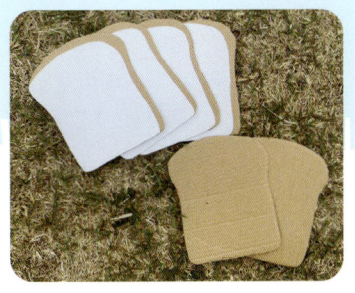

1 상자를 식빵 모양으로 자르고, 흰 종이를 조금 더 작게 잘라 붙여서 종이 식빵을 만들어요.

2 채집한 오디를 절구에 넣고 빻아요.

3 잘 빻은 오디를 종이 식빵 위에 펼쳐 발라요.

4 다양한 자연물을 올려 오디잼 토스트를 장식해요.

여름 09 둥실둥실 나뭇잎 뱃놀이

무더운 여름철에 물이 흐르는 냇가나 계곡은 더위를 피하기에 그야말로 최고의 장소지요. 냇가나 계곡에서 할 수 있는 놀이는 너무나도 많지만, 그중에서도 나뭇잎 배를 띄우고 지켜보는 놀이는 가장 간단하면서도 즐거운 놀이랍니다. 특별한 준비물 없이 길쭉한 나뭇잎 한 장만 있으면 되니까요. 바람이 솔솔 부는 시원한 냇가에서 아이들과 둥실둥실 나뭇잎 뱃놀이를 해 보는 건 어떨까요?

놀이 목표 소근육을 발달시켜요. 창의력을 길러요.

놀이 준비 길쭉한 나뭇잎, 가위

 연계 그림책

《나뭇잎을 찾으면》
에이미 시쿠로 글·그림, 피카주니어

1 길쭉한 잎을 채집한 후, 잎의 양 끝을 가운데로 모아 접어요.

잎맥 양옆을 오려 주세요.

2 양옆의 접은 부분을 가위로 오려서 세 갈래로 나눠요.

3 세 갈래로 나눈 부분 중 가운데(2의 ★)를 뒤로 둔 채, 오른쪽을 왼쪽 잎의 사이에 넣어요. 반대편도 똑같이 해요.

4 나뭇잎 배를 물살이 잔잔한 곳에 올려요.

나뭇잎 배로 경주하거나, 작은 돌을 하나씩 올리며 누가 오래 버티나 겨뤄 보세요.

5 둥실둥실~ 나뭇잎 배의 움직임을 관찰해요.

여름 10 나뭇잎 프로타주

어린 시절, 동전이나 단풍잎을 종이 아래에 놓고 연필로 문질러 베껴 본 경험이 누구나 있을 거예요. 이렇게 올록볼록한 요철이 있는 물건 위에 종이를 대고 색연필, 크레용 등으로 문질러 무늬를 베끼는 것을 '프로타주'라고 해요. 나뭇잎은 다양한 모양과 잎맥을 가지고 있어서 프로타주 기법을 활용하기에 매우 좋은 재료랍니다. 아이들과 자연스럽게 나뭇잎의 잎맥에 대해 탐색하는 계기도 되지요.

놀이 목표 나뭇잎의 모양과 잎맥에 관심을 가져요. 집중력과 탐구력을 길러요.

놀이 준비 `공통` 나뭇잎, 종이 `놀이1` 색연필 `놀이2` 알루미늄 포일 `놀이3` 글라스펜

연계 그림책
《나뭇잎은 어떻게 초록이 되나요》
미아 포사다 글·그림, 풀과바람

놀이1 색연필 프로타주

1 잎맥이 또렷한 뒷면이 위로 올라오도록 나뭇잎을 놓아요.
2 나뭇잎 위에 종이를 올린 뒤, 색연필로 문질러요.
3 색연필 프로타주를 완성해요.

놀이2 알루미늄 포일 프로타주

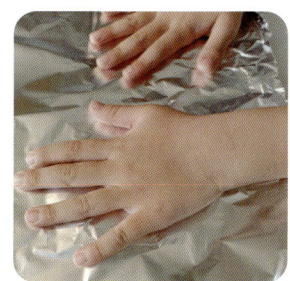 

1 나뭇잎 뒷면에 알루미늄 포일을 덮은 뒤, 손으로 문질러요.
2 알루미늄 포일 프로타주를 완성해요.

놀이3 잎맥 찍기

1 나뭇잎 뒷면에 글라스펜을 칠해요.
2 종이에 나뭇잎을 찍어요.

여름 11 월척 나뭇잎 낚시터

아이들이 좋아하는 놀이 중 하나가 낚시 놀이죠. 낚싯대로 물고기를 낚는 아이들의 모습을 한번 관찰해 보세요. 고사리 같은 손을 섬세하게 움직이며 낚싯바늘과 물고기에서 시선을 뗄 줄 모른답니다. 그만큼 집중력이 필요하지요. 아이들이 직접 만든 낚시로 놀면 어떨까요? 낚싯대와 물고기를 무엇으로 만들지, 물고기는 어떻게 낚을지 얘기하며 자연물로 낚시 놀이 장난감을 만들어 보세요.

놀이 목표 소근육 조절력 및 눈과 손의 협응력을 길러요. 집중력과 인내심을 길러요.

놀이 준비 나뭇잎과 나뭇가지, 접착 눈알, 빵끈, 테이프, 가위, 마끈, 놀이 트레이

연계 그림책

《바다 낚시》 조슬기 글·그림, 향
《여름 낚시》 김지안 글·그림, 재능교육

1 나뭇잎을 뒤집은 다음, 양옆을 사선으로 잘라요.

2 양옆을 가운데로 모아 테이프로 붙여서 물고기 모양을 만들어요.

3 앞면으로 뒤집은 다음, 접착 눈알을 붙여 눈을 표현해요.

> 빵끈 대신 클립을 끼워 자석 낚시 놀이를 해도 좋아요.

4 빵끈으로 고리를 만들어 붙여서 물고기를 완성해요.

5 나뭇가지에 마끈을 묶고 마끈 끝에 빵끈을 고리 모양으로 매달아서 낚싯대를 만들어요.

6 놀이 트레이에 물을 담고 나뭇잎 물고기를 넣어요.

7 나뭇잎 물고기를 낚으며 재밌게 놀아요.

여름 12 웰컴 투 물고기 월드

태양이 이글거리는 찜통더위엔 강이든 바다든 풍덩 다이빙해 들어가 물고기들과 함께 놀고 싶을 때가 있어요. 상상만 해도 시원한 광경 아닌가요? 이럴 때 아이들과 물고기를 직접 만들어 보는 건 어떨까요? 휴지심을 물고기의 몸통으로 하고 여름철에 구할 수 있는 자연물로 지느러미, 아가미와 꼬리 등을 꾸며 주는 거예요. 상상력을 발휘해 세상에 없던 나만의 물고기 세상을 만들어 보세요!

놀이 목표 물고기의 생김새에 관심을 가져요. 상상력과 창의력을 길러요.

놀이 준비 다양한 자연물, 휴지심, 색종이, 풀, 눈 스티커, 가위, 양면테이프

 연계 그림책

《야!》 케이트 리드 글·그림, 북극곰
《1001마리 물고기》
요안나 제자크 글·그림, 보림
《헤엄이》
레오 리오니 글·그림, 시공주니어

1 휴지심을 색종이로 감싸서 붙여요.

2 가위로 입 모양을 오려요.

3 눈 스티커로 눈을 표현해요.

4 자연물을 붙여 물고기의 지느러미와 아가미, 꼬리 등을 표현해요.

5 블록으로 물고기 집을 만들어 놀아도 좋아요.

여름 13 나뭇잎 반쪽 그림

앞선 놀이에서 프로타주 기법으로 나뭇잎의 잎맥을 손쉽게 그려 봤어요. 이번에는 나뭇잎 반쪽만 종이에 붙여 놓고, 나머지 반쪽은 아이들이 완성하는 놀이를 해 볼게요. 처음에는 잎을 자세히 관찰하고, 잎맥들이 어떻게 나뭇잎을 지나가는지, 또 어떠한 기능을 하는지 이야기 나눠 보세요. 손가락의 지문이 모두 다른 것처럼 나뭇잎의 잎맥도 다르다는 것을 깨닫고 나뭇잎을 멋지게 완성시켜 줄 거랍니다.

놀이 목표 잎맥의 생김새와 역할에 대해 알아요. 관찰력과 집중력을 길러요.

놀이 준비 다양한 나뭇잎, 가위, 색칠 도구, 종이, 양면테이프

플러스 놀이 호박잎

연계 그림책

《나뭇잎》 잔드라 디크만 글·그림, 찰리북

1 나뭇잎을 반으로 잘라서 양면 테이프로 종이에 붙여요.

돋보기나 루페 등으로 더 자세히 봐도 좋아요.

2 나뭇잎을 자세히 관찰해요.

3 나뭇잎의 나머지 반쪽을 그려요.

4 나뭇잎을 멋지게 완성해요.

플러스 놀이

1 호박잎을 가위로 오려 조각을 내요.

2 조각을 맞춰서 호박잎 모양을 만들어요.

여름 14 이상한 거울 나라

거울은 탐구 놀이를 하기에 매우 좋은 도구예요. 거울과 거울을 마주 보게 하면 빛의 반사가 반복되어 거울에 비친 물체도 여러 개가 되지요. 또한 거울이 만나서 이루는 각의 크기를 조절하면 거울에 비친 물체의 모습이 신기하게 변하는 것도 볼 수 있어요. 거울 두 개가 이루는 각의 크기가 점점 작아질수록 거울에 비친 물체의 개수도 많아진답니다. 이번에는 나뭇잎을 이상한 거울 나라에 초대해 보세요.

놀이 목표 거울에 비친 물체의 모습을 관찰해요. 과학적 탐구 능력을 길러요.

놀이 준비 다양한 나뭇잎, 거울, 종이, 가위

 연계 그림책

《거울책》 조수진 글·그림, 반달
《신기한 무지개》 와타나베 지나쓰 글·그림, 문학수첩리틀북

1 다양한 모양의 나뭇잎을 준비해요.

작은 거울이 없으면 알루미늄 포일을 이용해 거울을 만들 수 있어요.

2 바닥에 종이를 깔고 거울을 바닥에 직각으로 세운 다음, 반으로 자른 나뭇잎을 거울에 붙여서 관찰해요.

나뭇잎 반쪽 2개가 나뭇잎 4개가 되었어요!

3 거울 2개를 ㄱ자로 붙여 세워서 나뭇잎을 관찰해요.

4 다양한 모양으로 나뭇잎을 놓고 거울에 비친 모습을 관찰해요.

여름 15 여름엔 꽃송이 비즈 팔찌

여름에는 반소매 옷을 입고 액세서리로 팔찌를 많이 하지요. 오늘은 아이와 산책 중에 바닥에 떨어진 꽃을 주워 왔답니다. 꽃송이가 마치 보석 같아서 아이가 가지고 있던 비즈와 함께 섞어 팔찌를 만들어 보기로 했어요. 반짝반짝 비즈가 알록달록 꽃송이 보석을 만나 세상에 하나뿐인 꽃팔찌로 탄생했답니다. 아이와 함께 꽃이나 나뭇잎을 이용해 다양한 디자인의 액세서리를 만들어 보세요.

놀이 목표 눈과 손의 협응력을 길러요. 소근육을 발달시켜요.

놀이 준비 꽃, 고무줄, 비즈 플러스 놀이 휴지심, 양면테이프, 가위

 연계 그림책

《따라쟁이 친구들》 알리 파이 글·그림, 사파리
《세상에서 가장 아름다운 목걸이》
아넬리즈 외르티에 글·그림, 푸른숲주니어

1 고무줄에 꽃과 비즈를 번갈아 가며 끼워요.

길게 해서 꽃목걸이를 만들어도 좋아요.

2 손목 두께만큼 완성되면 고무줄을 묶어 팔찌를 마무리해요.

플러스 놀이 휴지심 팔찌

뱅글처럼 한쪽이 뚫린 형태로 잘라서 손목에 끼울 수 있도록 해요.

1 휴지심에 양면테이프를 둘러 붙인 다음, 가로세로로 한 번씩 잘라요.

2 양면테이프의 이형지를 떼어 내고, 꽃과 자연물을 붙여서 완성해요.

3 팔찌를 껴 보아요.

여름 16 잉크 엔진 나뭇잎

고장 난 볼펜으로 할 수 있는 재미있는 놀이가 있어요. 볼펜심에서 잉크만 따로 빼내어 나뭇잎 끝부분에 몇 방울 떨어뜨려 보세요. 그 나뭇잎을 물에 띄우면 신기하게도 나뭇잎이 앞으로 나아가는 걸 볼 수 있답니다. 마치 엔진을 달고 시원한 물살을 가르며 나아가는 모터보트 같아요. 잉크로 움직이는 나뭇잎 놀이에 어떤 과학 원리가 숨어 있는지 아이와 함께 알아보면 더욱 좋겠지요?

놀이 목표 표면장력을 경험해요. 호기심과 탐구력을 길러요.

놀이 준비 나뭇잎, 볼펜심, 가위, 놀이 트레이

연계 그림책

《세계 최초 소금쟁이 잠수부 동동》
윤동희 글/고마운 그림, 북극곰

《소금쟁이가 들려주는 물속 생물 이야기》
노정임 글/안경자 그림, 철수와영희

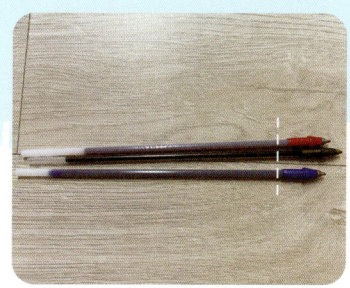

1 볼펜심을 볼펜에서 꺼낸 후, 아래쪽 촉 부분을 잘라요.

잎자루를 잘라 낸 부분에 잉크를 묻혀 주세요.

2 볼펜심 위쪽을 후 불어서 흘러나온 잉크를 나뭇잎 끝에 묻혀요.

나뭇잎이 왜 앞으로 움직여요?

잉크 묻힌 나뭇잎을 물에 띄우면 잉크가 물에 퍼져나가요. 이 잉크가 물의 표면장력을 약하게 하면서 나뭇잎이 앞으로 움직이는 것이랍니다. 표면장력은 액체가 서로 강하게 붙어 있으려고 하는 성질 때문에 표면을 탄력 있게 만드는 힘을 말해요. 표면장력이 있어 물수제비로 던진 돌이 물 위를 튕겨 나가기도 하고, 소금쟁이가 물 위에 뜰 수 있어요.

나뭇잎이 어느 방향으로 움직일 것 같아?

3 놀이 트레이에 물을 담고 잉크 묻힌 나뭇잎을 살짝 올려놓아요.

4 나뭇잎의 움직임을 관찰해요.

여름 17 맴맴맴, 나뭇잎 매미

여름을 상징하는 곤충에는 어떤 것이 있을까요? 대부분 매미를 얘기할 거 같아요. 이글거리는 태양 아래, 울창한 나무들 사이에서 들려오는 매미 울음소리를 이길 곤충은 없지요. 그 울음소리는 수컷 매미가 내는 거래요. 수컷 매미의 우렁찬 소리를 듣고 암컷 매미가 수컷을 짝짓기 상대로 선택한다고 해요. 오늘은 매미에 대한 이야기를 나누며 아이들과 나뭇잎으로 아주 귀여운 매미를 만들어 볼까요?

놀이 목표 매미에 관심을 가져요. 관찰력과 탐구력을 길러요.

놀이 준비 나뭇잎, 눈 스티커, 양면테이프

 연계 그림책

《매미 씨, 드디어 오늘 밤입니다》
구도 노리코 글·그림, 천개의바람

《피어나다》 장현정 글·그림, 길벗어린이

《7년 동안의 잠》
박완서 글/김세현 그림, 어린이작가정신

1 나뭇잎의 잎자루 쪽을 접어 내려요.

2 양옆을 가운데를 향해 비스듬하게 접어요.

맴맴맴맴~
매미가
울고 있어요.

3 눈 스티커를 붙여 매미를 완성해요.

4 책으로 매미의 한살이도 알아보세요.

여름 18 매미 허물 패션쇼

매미는 나무껍질 속에서 알로 지내다가, 애벌레가 된 후 땅속에서 보통 7~8년을 지낸다고 해요. 어떤 매미는 17년을 땅속에서 지내고요. 매미의 애벌레는 여러 번 허물을 벗는데, 땅 위로 나와서는 딱 한 번 마지막 허물을 벗고 성충이 된대요. 매미의 마지막 허물을 자세히 관찰하면 미세한 주름과 마디들을 볼 수 있어요. 매미가 옷이 작아져 벗어 놓은 것이라고 설명하면 아이에게 조금 더 친근하게 다가갈 수 있답니다.

놀이 목표 매미 허물에 관심을 가져요. 창의력을 키우고, 언어를 발달시켜요.

놀이 준비 `공통` 매미 허물, 스칸디아모스 `놀이1` 투명 플라스틱 장식볼
   `놀이2` 다양한 자연물(조약돌, 나뭇가지 등), 놀이 트레이

 연계 그림책

《맴》 장현정 글·그림, 반달

쉽게 바스러지니 조심해야 해요.

`준비` **매미 허물 채집**
나무에서 매미의 허물을 채집해요.

`놀이1` **매미 장식볼**

1 투명 플라스틱 장식볼 안에 스칸디아모스를 채워 넣어요.

2 스칸디아모스 위에 매미 허물을 올려놓아요.

3 뚜껑을 닫아서 장식볼을 완성해요.

`놀이2` **매미 스몰 월드**

산책하며 주운 나뭇가지와 나뭇잎, 돌멩이 등이 훌륭한 재료예요.

놀이 트레이를 매미 허물과 다양한 자연물로 꾸며요.

여름 19 꽃잎 달팽이

한차례 소나기가 내린 후 싱그러운 풀잎에 매달려 있는 달팽이를 본 적이 있나요? 느릿느릿 커다란 집을 이고 가는 모습이 귀여우면서도 신기하지요. 달팽이는 집에서 키우기도 쉬워요. 자라는 속도도 빠르고 움직임도 활발해 관찰하는 재미가 있답니다. 오늘은 상자와 꽃잎을 이용해 달팽이를 만들어 보세요. 꽃잎은 알록달록한 달팽이집이 되고, 손가락은 삐죽 올라온 더듬이가 된답니다.

놀이 목표 달팽이에 대해 관심을 가져요. 창의력과 상상력을 키워요.

놀이 준비 꽃잎, 상자, 투명 시트지, 가위, 커터칼, 눈 스티커

연계 그림책

《달팽이 달리기》 이혜인 글·그림, 킨더랜드
《달팽이와 고래의 모험》 줄리아 도널드슨 글/악셀 셰플러 그림, 비룡소
《아기 달팽이의 집》 이토 세츠코 글/시마즈 카즈코 그림, 비룡소

1 상자를 달팽이집 모양으로 자르고, 투명 시트지를 같은 크기로 잘라요.

2 투명 시트지의 이형지를 떼어 내고 꽃잎을 붙여요.

3 달팽이집을 그 위에 붙여요.

4 손가락을 끼울 부분은 시트지를 오려 내요.

5 엄지를 끼우고 검지, 중지를 펼쳐서 더듬이를 표현해요.

플러스 놀이 꽃잎 소라게

같은 방법으로 소라게도 만들 수 있어요.

여름 20 나뭇잎 목걸이

아이들이 진짜 바늘을 다루기에는 뾰족해서 좀 위험하지만, 둥글고 뭉툭한 플라스틱 바늘이나 운동화 끈을 이용하면 아이들도 재미있게 바느질 놀이를 할 수 있어요. 실 꿰기 놀이라고도 하지요. 이번에는 천 조각 대신 두꺼운 나뭇잎을 이용할 거예요. 구멍을 뚫은 나뭇잎에 실을 끼우고 잡아당기는 과정을 반복하면 어느새 나뭇잎 위에 예쁘게 수가 놓여 있을 거예요.

놀이 목표 바느질을 경험해요. 집중력을 키우고 소근육을 발달시켜요.

놀이 준비 나뭇잎, 펀치, 털실, 플라스틱 바늘

 연계 그림책
《숲속 재봉사의 옷장》
최향랑 글·그림, 창비

1 단단한 질감의 나뭇잎을 준비해요.

2 펀치로 구멍을 뚫어요.

3 플라스틱 바늘에 털실을 끼우고 자유롭게 실 꿰기를 해요.

4 털실을 매달아 목걸이를 만들어요.

5 나뭇잎 목걸이를 걸어요.

95

여름 21 솔방울 아이스크림콘

눈송이처럼 사르르 입에서 녹는 시원하고 달콤한 아이스크림은 아이도 어른도 모두 좋아하는 여름 간식이에요. 그렇다고 자꾸 먹으면 배탈이 나 버리지요. 아이스크림을 더 먹고 싶다고 아이들이 조를 때, 솔방울을 활용해 아이스크림콘을 만들어 보면 어떨까요? 다양한 색깔로 칠한 솔방울 아이스크림이 어떤 맛일지 상상하며 이름도 지어 보세요. 아이들의 아이디어가 통통 튈 거예요.

놀이 목표 색채 감각을 길러요. 상상력과 표현력을 키워요.

놀이 준비 솔방울, 물감, 접시(또는 팔레트), 붓, 가위, 풀
아이스크림콘과 진열대 도안

연계 그림책

《오늘의 아이스크림》 서지혜 글·그림, 책읽는곰
《아이스크림이 꽁꽁》 구도 노리코 글·그림, 책읽는곰
《이건 내 나무야》 올리비에 탈레크 글·그림, 이숲아이

1 다양한 색으로 솔방울을 색칠해요.

2 도안을 잘라 과자 부분을 만들어요.

3 아이스크림 진열대도 만들어요.

4 진열대에 과자 부분을 꽂고, 그 위에 솔방울을 얹어서 아이스크림콘을 완성해요.

> 아이스크림 가게 놀이도 해 보세요.

여름 22 솔방울 파인애플

솔방울은 소나무와 같은 침엽수의 열매예요. 작은 비늘 모양의 '실편'들이 겹겹이 둥글게 모여 있고, 그 사이에 씨앗이 들어 있어요. 아이들에게 솔방울을 보여 주며 어떤 것을 닮았는지 물어보면, 거북이 등껍질 같다고도 하고 파인애플을 닮았다고도 해요. 실제로 파인애플(pineapple)은 생김새가 솔방울(pine cone)을 닮아서 지어진 이름이랍니다. 솔방울의 닮은꼴은 또 무엇이 있을까요? 아이들 상상에 맡겨 보세요!

놀이 목표 집중력을 키워요. 상상력과 표현력을 키워요.

놀이 준비 솔방울, 물감, 접시(또는 팔레트), 붓, 색종이, 가위

 연계 그림책

《여름! 덥다, 더워!》
김현경 글·그림, 길벗어린이

《작은 버섯》
정지연 글·그림, 사계절

1 양면 색종이(한쪽이 초록, 한쪽이 연두)를 잘라서 삐죽삐죽한 풀을 만들어요.

연필로 끝을 말면 자연스럽게 구부러져요.

2 풀 끝부분을 살짝 구부려요.

3 색종이를 돌돌 말아서 파인애플의 꼭지를 만들어요.

물감에 물을 섞지 않고 칠해야 선명하게 표현돼요.

4 솔방울을 노랗게 칠한 다음, 파인애플 꼭지를 끼워요.

5 솔방울 파인애플을 완성해요.

여름 23 거울에 그린 구름

거울을 통해 숲이나 하늘, 바다를 본 적 있나요? 거울은 또 다른 눈으로 자연을 관찰할 좋은 도구랍니다. 거울로 하늘이나 구름 등을 비추며 탐색해 보세요. 거울의 높이와 각도에 따라 모습이 다르게 보일 거예요. 오늘은 거울에 비친 구름을 거울 위에 바로 그려 볼 거예요. 거울 속 구름을 그대로 따라 그리는 거죠. 바람을 따라 시시각각 바뀌는 구름은 아이들에게 흥미로운 대상이 된답니다.

놀이 목표 구름의 변화에 관심을 가져요. 생태 감수성을 키워요.

놀이 준비 거울, 물감, 붓

 연계 그림책

《구름아, 나랑 놀자》
이주영 글/윤나리 그림, 현북스

《구름 할머니의 콧구멍》
김혜순 글/이재희 그림, 보림

엄마! 구름이 움직여요!

1 야외에서 바닥에 거울을 놓고 직접 올려다본 구름과 거울 속의 구름을 비교하며 관찰해요.

내가 그린 구름이 하늘에 떠 있어요!

2 거울 속에 비친 구름을 붓으로 따라 그려요.

여름 24 구름 모양 탐정단

공기 중의 수증기가 작은 물방울로 변하면 구름이 돼요. 구름은 기온이나 습도, 바람과 기압 등에 따라 모양이 달라진답니다. 습도와 온도가 높을수록 크고 뚜렷한 모양이 만들어지기 때문에, 덥고 습한 여름이 구름을 관찰하기 딱 좋지요. 세계기상기구는 전 세계 구름을 150여 종으로 분류해 〈국제구름 도감〉을 만들었대요. 우리도 구름 탐정단이 되어 솜사탕 구름도 찾고 고래 구름도 찾아보아요.

놀이 목표   구름의 모양 변화에 관심을 가져요. 관찰력과 탐구력을 길러요.

놀이 준비   `공통` 가위, 두꺼운 종이, 풀, 커터칼 `놀이1` 구름 찾기판 도안
`놀이2` 아이스크림콘 도안 `놀이3` 나뭇가지

연계 그림책

《몽글몽글 구름 주식회사》
마쓰야 마유코 글·그림, 라임

《둥둥 비구름 밴드》
홍승연 글·그림, 한울림어린이

놀이1 구름 이름 찾기

1 구름 찾기판 도안을 두꺼운 종이에 붙인 다음, 모양을 따라 잘라요.

2 구름 찾기판으로 하늘의 구름을 보며 모양을 관찰하고, 구름의 이름을 찾아보아요.

> 구름에 나만의 이름을 붙여도 좋아요.

놀이2 구름 아이스크림

> 도안을 두꺼운 종이에 붙여서 오리면 더욱 견고하게 사용할 수 있어요.

아이스크림콘 도안을 오려서 구름에 대면 구름 아이스크림을 만들 수 있어요.

놀이3 구름 솜사탕

> 구름 솜사탕은 무슨 맛일까?

나뭇가지를 구름에 대면 구름 솜사탕이 만들어져요.

여름 25 내겐 좀 특별한 구름

구름 관찰의 가장 큰 매력은 뭘까요? 시시각각 변하는 구름의 어느 한 순간을 포착하는 게 아닐까요? 내가 지금 보고 있는 구름 모양은 금세 사라져 버릴 테니까요. 나만의 특별한 구름을 발견한 경험이 한 번씩은 있을 거예요. 그럴 땐 구름이 나에게만 전하는 어떤 메시지가 있는 것도 같아요. 이런 경험을 아이들과 함께 나누어 보세요. 여러 가지 모양의 구름을 보고 무한한 상상을 펼칠 수 있답니다.

놀이 목표 구름의 모양에 관심을 가져요. 상상력과 창의력을 키워요.
놀이 준비 그리기 도구(색연필, 사인펜 등), 구름 사진 도안

연계 그림책
《구름놀이》 한태희 글·그림, 아이세움
《아기 구름의 숨바꼭질》
국설희 글·그림, 길벗어린이

구름 사진 도안을 사용해도 좋아요.

1 다양한 모양의 구름을 사진 찍어요.

이 구름은 무엇을 닮은 것 같아?

2 구름 사진을 출력한 후, 구름에서 연상되는 그림을 그려 보아요.

3 아이들 상상 속의 구름은 무엇인지 함께 이야기 나눠요.

여름 26 내가 올림픽에 나간다면

4년마다 열리는 스포츠 대축제인 올림픽은 하계와 동계가 있어요. 그중 하계올림픽은 7~8월 중에 보름 정도 열린답니다. 그때가 되면 아이와 어른 모두 한마음 한뜻이 되어 대한민국의 선수들을 응원하게 되지요. 오늘은 올림픽에서 볼 수 있는 성화와 메달을 자연물로 만들어 볼 거예요. 그리고 어떤 종목에 참여하고 싶은지, 메달을 따면 소감은 어떻게 말할 것인지 아이들과 함께 얘기해 보세요.

놀이 목표 올림픽에 관심을 가져요. 미적 표현 능력을 길러요.

놀이 준비 `공통` 다양한 자연물, 양면테이프 `놀이1` 가위, 성화 도안
　　　　　　`놀이2` 메달용 나무판('와패'로 검색), 메달끈

연계 그림책

《엉덩이 올림픽》
간장 글·그림, 보랏빛소어린이

《동물들의 첫 올림픽》
문종훈 글·그림, 웅진주니어

놀이1 자연물 성화

1 성화 손잡이를 만든 후, 불 부분에 양면테이프를 붙여서 손잡이 안에 고정해요.

2 양면테이프의 이형지를 떼어 내고 자연물을 붙여요.

> 엄마! 저는 탁구선수로 올림픽에 나갈 거예요!

3 자연물 성화를 들고 성화 봉송 주자가 되어 달려 보아요.

놀이2 자연물 메달

> 메달의 이름을 지어 보세요.

메달용 나무판에 메달끈을 묶고 양면테이프로 자연물을 붙여 메달을 만들어요.

여름 27 햇빛으로 그린 그림

감광지(感光紙)란 빛에 반응하는 물질인 감광액을 발라서 만든 특수 종이예요. 만약 푸른 감광지 위에 나뭇잎을 올려놓고 햇빛을 쪼이면 나뭇잎을 올린 부분은 그대로 있고 나머지만 빛에 반응해 하얗게 변해요. 그것을 물에 담갔다 빼면 하얗게 변한 부분이 다시 푸른색이 되고 나뭇잎을 올린 부분이 하얗게 드러나지요. 마법처럼 변하는 감광지 놀이는 아이들이 정말 신기해하는 놀이 중 하나랍니다.

놀이 목표 감광지에 관심을 가지고 경험해요. 탐구력을 키우고, 과학 지식을 얻어요.

놀이 준비 다양한 자연물, 감광지, 투명 아크릴판(생략 가능), 두꺼운 종이, 마끈, 나무 집게

연계 그림책

《해가 집에 가면》
모모코 아베 글·그림, 붉은삼나무주니어

《SUN》 샘 어셔 글·그림, 주니어RHK

1 감광지 위에 자연물을 올려요.

> 아크릴판이 없으면 자연물이 움직이지 않도록 주의해요.

2 투명 아크릴판으로 덮어 자연물을 고정한 다음, 빛이 잘 드는 곳에 놓아요.

3 약 5~10분이 지나면 자연물을 치우고, 감광지가 변한 모습을 관찰해요.

4 같은 방법으로 자연물을 다양하게 올려서 그림을 만들어요.

5 햇빛으로 변한 감광지 그림을 흐르는 물에 1~2분 헹군 다음, 그늘에서 말려요.

> 마끈에 나무 집게로 걸면 갈런드처럼 장식할 수 있어요.

6 감광지 그림을 두꺼운 종이에 붙여서 전시해 보세요.

여름 28 구멍 난 머리도 좋아!

앞에서 여름 숲을 거닐며 덤불과 풀숲을 이용해 머리 모양을 만들었다면, 오늘은 나뭇잎 하나하나를 다듬고, 오리고, 붙여 동물들의 머리 모양을 만들어 볼 거예요. 구멍이 뚫린 나뭇잎, 돌돌 말린 나뭇잎도 독특한 머리 모양을 만드는 데 좋은 소재가 된답니다. 아이들과 함께 "나뭇잎에 왜 구멍이 있을까?" "누가 나뭇잎을 말아 놓은 걸까?" 대화하며 즐거운 미용 놀이를 해 보세요.

놀이 목표 다양한 잎의 모양을 관찰해요. 창의력과 상상력을 길러요.

놀이 준비 다양한 모양의 나뭇잎, 가위, 양면테이프
미용실 놀이 장난감(생략 가능), 동물 도안

연계 그림책
《나뭇잎 손님과 애벌레 미용사》
이수애 글·그림, 한울림어린이

1 동물 도안에 다양한 나뭇잎을 붙여서 손질 전 머리카락을 표현해요.

손님, 어떤 스타일로 해 드릴까요?

2 가위로 멋진 머리 모양을 만들어요.

3 미용실 놀이 장난감이 있으면 머리를 빗고 말리는 등 풍성하게 활동할 수 있어요.

손님, 머리 스타일이 마음에 드시나요?

4 동물들의 머리가 완성되었어요.

여름 29 ## 강아지풀 여우 꼬리

동물들의 꼬리는 어떤 역할을 할까요? 동물의 살아가는 환경에 따라 꼬리 모양과 역할이 달라요. 몸의 균형을 잡아 주기도 하고 의사소통의 도구가 되기도 한답니다. 전래 동화에서는 꼬리에 얽힌 얘기도 많아요. 꼬리 아홉 개 달린 여우는 여름 납량 특집 드라마 소재로 자주 나오기도 했지요. 오늘은 여름에 무성히 자라는 강아지풀로 길쭉하고 풍성한 여우 꼬리를 만들어 보았답니다.

놀이 목표 동물의 꼬리에 관심을 가져요. 상상력과 창의력을 키워요.
놀이 준비 강아지풀, 휴지심, 가위, 풀, 눈코입 스티커, 테이프, 여우 도안

연계 그림책

《꼬마 여우》 니콜라 구니 글·그림, 여유당
《아기 여우의 꼬리가 사라졌어》
제다 로바드 글·그림, 키즈엠
《누구 꼬리일까?》
케르스틴 자브란스키, 봄봄출판사

1 강아지풀을 채집해요.

2 휴지심에 여우 도안을 붙인 다음, 윗부분을 오목하게 눌러 여우 귀를 만들어요.

3 눈코입을 그리거나 스티커를 붙여 여우 얼굴을 꾸며요.

다른 자연물로 꼬리를 표현해도 좋아요.

4 강아지풀을 테이프로 붙여서 꼬리를 표현해요.

5 복슬복슬 탐스러운 꼬리를 가진 여우가 완성되었어요.

여름 30 · 에코 꽃무늬 손수건

천이나 종이 아래에 자연물을 놓고 나무망치 같은 것으로 두드려 바로 물들이는 것을 '에코 프린팅'이라고 해요. 천연 염색의 한 종류지만 전체를 염색하는 게 아니라 자연물 형태 그대로 문양을 찍어 내는 게 특징이에요. 자연 빛깔 그대로 염색이 되기 때문에 색이 더욱 예쁘고 화학 물질이 없어 환경에 좋답니다. 이번엔 여름에 한창인 봉숭아 잎과 꽃을 따서 아이들의 고사리손으로 직접 염색해 봤어요.

놀이 목표 자연물의 색에 관심을 가져요. 에코 프린팅을 경험해요.

놀이 준비 다양한 자연물, 손수건, 미니 망치, 신문지

연계 그림책

《봉숭아 통통통》
문명예 글·그림, 책읽는곰

> 손수건 아래에 신문지를 깔아서 소음을 줄이고, 바닥에 물드는 것을 방지해요.

1 손수건의 반쪽에 다양한 자연물을 올려요.

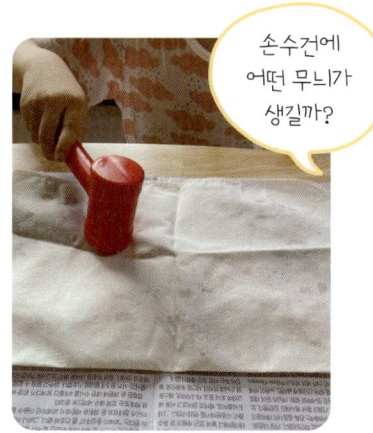

> 손수건에 어떤 무늬가 생길까?

2 자연물을 올리지 않은 반쪽을 덮어서 망치로 두드려요.

3 손수건을 펼쳐 자연물을 들어낸 다음 염색된 문양을 관찰해요.

4 봄에는 제비꽃으로 손수건을 만들 수 있어요.

여름 31 봉숭아 매니큐어

어렸을 때 봉숭아 꽃물을 손톱에 들이며, '첫눈이 올 때까지 남아 있으면 첫사랑이 이루어진다.'며 은근히 기대해 본 경험이 있으실 거예요. 명반을 넣어 찧은 봉숭아꽃을 손톱 위에 조심스레 올려놓고 비닐로 감싸 묶었죠. 하룻밤을 자고 나면, 손톱이 아주 예쁘게 물들어 있었어요. 오늘은 어린 시절 추억을 떠올리며 아이와 함께 짓찧은 봉숭아꽃으로 매니큐어를 칠해 보는 건 어떨까요?

놀이 목표 자연의 색에 관심을 가져요. 관찰력과 탐구력을 길러요.

놀이 준비 봉숭아 등 다양한 색의 자연물, 절구와 절굿공이, 붓 매니큐어 놀이 도안

 연계 그림책

《봉숭아 꽃물》 라라류 글·그림, 화심헌
《마법 꽃물》 이은지 글·그림, 노란상상

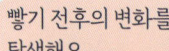 빻기 전후의 변화를 탐색해요.

1 채집한 자연물을 절구에 넣고 빻아요.

2 매니큐어 병 도안에 붓으로 색칠해요.

어떤 색의 매니큐어가 만들어졌니?

3 색깔 이름도 지어 보세요.

손톱 물들이기를 두려워하는 친구들에게 추천해요.

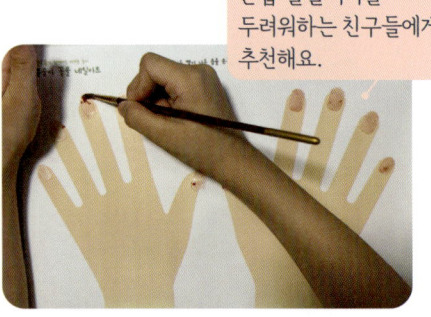

4 손 도안에도 색칠하며 매니큐어 놀이를 해요.

여름 32 청경채 장미꽃 도장

청경채는 중국 배추의 한 종류로, '푸른 줄기 나물'이라는 뜻을 가지고 있어요. 찌개나 볶음 요리 혹은 쌈 채소로도 많이 먹지요. 청경채의 잎 부분을 잘라 내고 밑동 부분만 남겨 보세요. 잘린 면에 물감을 묻혀 도장처럼 찍으면 장미꽃 같은 예쁜 무늬가 나온답니다. 아이들이 채소 도장 놀이를 통해 청경채와 친해지면, 꽃을 닮은 청경채 맛이 어떤지도 궁금해할 거예요.

놀이 목표 소근육 조절력 및 눈과 손의 협응력을 길러요.
　　　　　　올바른 식습관을 형성해요.

놀이 준비 청경채, 물감, 장미 도안

연계 그림책

《골고루》
이윤희 글 / 오오니시 미소노 그림, 쉼어린이

《농부 할아버지와 아기 채소들》
현민경 글·그림, 웅진주니어

1 청경채를 만지고 냄새 맡고 맛도 보면서 오감으로 탐색해요.

> 도장 찍기가 편하도록 밑동을 조금 길게 남겨 주세요.

2 청경채의 밑동 부분을 자른 후, 단면을 관찰해요.

> 우와! 예쁜 장미꽃이에요!

3 청경채에 물감을 묻혀서 장미 도안에 찍어요.

4 장미 넝쿨이 풍성하게 완성되었어요.

여름 33 옥수수 식당에 어서 와요!

옥수수는 2~3미터 높이까지 키가 크게 자라는 식물이에요. 한여름이 되면 옥수숫대 하나에 옥수수 4~5개 정도가 달리는데, 옥수수수염 색깔이 갈색으로 변하면 다 익은 것이랍니다. 마트에서 껍질과 수염이 있는 옥수수를 살 때는 아이들과 함께 놀이를 해 보세요. 껍질을 돌돌 말아 예쁘게 묶으면 스프링롤이 되고, 수염을 움푹한 그릇에 담아 자연물 고명을 얹으면 먹음직스러운 국수가 된답니다.

놀이 목표 옥수수를 오감으로 탐색해요. 상상력과 창의력을 길러요.

놀이 준비 옥수수와 다양한 자연물, 접시

연계 그림책

《옥두두두두》 한연진 글·그림, 향
《옥수수 대탈출》 안주미 글·그림, 현암주니어

1 옥수수의 껍질을 벗겨서 껍질과 수염을 따로 모아요.

2 껍질을 돌돌 만 다음, 얇게 찢은 껍질로 묶어요.

3 다양한 자연물을 꽂아서 스프링롤을 완성해요.

옥수수수염은 왜 그렇게 많아요?

옥수수에 실같이 얇게 서로 엉켜 있는 옥수수수염은 꽃가루가 떨어지면 수정이 되게 하는 통로예요. 수염 한 줄이 각각의 알곡 하나와 연결되어 있어요. 그래서 옥수수 알갱이의 개수와 수염의 개수는 똑같답니다.

4 옥수수수염을 그릇에 담고 자연물로 토핑하면 국수가 만들어져요.

5 스프링롤과 국수를 차려 내고 식당 놀이를 해요.

여름 34 더벅머리 옥수수 꾸미기

옥수수 껍질은 옥수수의 잎으로 '포엽'이라고 해요. 7~12장 되는 옥수수 포엽을 벗기면 열매인 옥수수가 나온답니다. 정확히는 옥수수 알갱이 하나하나가 모두 열매지요. 또, 옥수수수염은 실은 암꽃이에요. 수꽃은 더 높이 옥수숫대 위에 피지요. 앞에서 옥수수 껍질과 수염으로 멋진 한 상을 차렸다면, 오늘은 옥수수 껍질을 땋고 옥수수수염을 더벅머리처럼 얹어서 개성 있는 인형을 만들어 보세요.

놀이 목표 옥수수를 오감으로 탐색해요. 창의력과 상상력을 길러요.

놀이 준비 옥수수, 눈코입 스티커, 고무줄, 가위, 장식물(리본)

연계 그림책

《채소 학교와 더벅머리 옥수수》
나카야 미와 글·그림, 웅진주니어

《밀짚모자》
김윤이 글·그림, 한울림어린이

1 옥수수의 껍질을 벗겨서 모아요.

2 눈코입 스티커를 붙이고, 옥수수 껍질을 땋고 묶고 잘라요.

3 다양한 머리 스타일이 완성되었어요.

4 옥수수 껍질과 수염으로만 옥수수 인형을 만들어도 좋아요.

여름 35 나뭇잎 리본 머리핀

집에서 키우고 있는 식물들의 병든 잎을 잘라 내던 날, 그 잎으로 무엇을 할 수 있을까 생각하다가 '자연물 머리핀'을 만들어 보기로 했어요. 면적이 넓은 잎은 종이처럼 오려서 만들 수 있는 모양이 꽤 많답니다. 이번에는 리본 모양으로 잎을 자르고 접어 똑딱핀에 붙이니 예쁜 머리핀이 되었어요. 아이도 자신이 직접 만든 머리핀이 마음에 드는지 얼른 머리에 꽂아 보았답니다.

놀이 목표 아름다움에 대한 민감성을 높여요. 생태 감수성을 길러요.

놀이 준비 나뭇잎, 가위, 양면테이프, 똑딱핀, 리본 도안

연계 그림책

《오늘은 미용실 가는 날》
조셉 코엘료 글/피오나 룸버스 그림,
노란돼지

《간질간질》 서현 글·그림, 사계절

리본 도안을 대고 잎을 자르면 편하게 자를 수 있어요.

1 입체 리본을 만들 수 있는 3개의 모양 (고리, 받침, 매듭)으로 잎을 잘라요.

2 고리의 양쪽을 가운데로 접어 붙인 후, 매듭으로 가운데를 감아요.

3 그 아래로 받침을 붙여서 리본을 완성해요.

4 똑딱핀 위에 리본을 붙여요.

5 나뭇잎 리본 머리핀을 머리에 꽂아요.

여름 36 추억을 소환하는 누름꽃 액자

숲길을 산책하다 떨어진 꽃잎이나 나뭇잎을 주워다 두꺼운 책 사이에 끼워 본 적 있나요? 시간이 지난 뒤 꺼내 보면 수분은 빠져나가고 납작하게 눌려 보존되어 있었지요. 야생화의 꽃과 잎, 줄기 등을 채집해 납작하게 눌러서 말린 장식을 '압화'라고 해요. 우리말로는 '누름꽃'이라고도 부른답니다. 추억을 떠올리며 아이와 함께 클로버, 냉이, 데이지 등을 이용해 누름꽃 액자를 만들어 보았어요.

놀이 목표 자연물 압화를 경험해요. 집중력을 기르고 성취감을 느껴요.

놀이 준비 다양한 자연물로 만든 압화, 액자

 연계 그림책

《비야, 그만》 이지연 글·그림, 소동
《봄 여름 가을 겨울》 헬렌 아폰시리 글·그림, 이마주

종이 포일에 자연물을 올리고 반으로 접어서 두꺼운 책에 끼우면 압화를 만들 수 있어요.

1 두꺼운 책에 말려 둔 압화를 준비해요.

2 액자 위에 자연물을 올려요.

3 누름꽃 액자가 완성되었어요.

4 햇빛 좋은 날, 누름꽃 액자를 통해 만들어진 그림자도 감상해 보세요.

여름 37 공작새 깃털 꾸미기

수컷 공작의 깃털은 화려하기로 유명하죠. 암컷을 유혹하기 위해 활짝 펼치면 마치 무지개가 뜬 것 같답니다. 그에 비해 암컷 공작의 깃털은 수수한 갈색빛을 띠지요. 수컷 공작의 깃털은 허리 주변에 있고 정확히는 '위꽁지덮깃'이라고 해요. 자세히 보면 눈동자 모양의 무늬가 점점이 박혀 있기도 해요. 아이들과 수컷 공작을 자세히 관찰한 후에 다채로운 풀과 꽃을 이용해 화려한 깃털을 표현해 보기로 해요.

놀이 목표 자연물의 색과 모양에 관심을 가져요. 창의력과 표현력을 길러요.

놀이 준비 다양한 자연물, 종이컵, 가위, 눈 스티커, 그리기 도구

 연계 그림책

《이렇게 멋진 꼬리 봤어?》
데이비드 스몰 글·그림, 우리학교

깃털 심지로 사용해요.

1 종이컵 옆면을 여러 갈래로 잘라서 한 조각만 빼고 밖으로 펼쳐요.

2 펼치지 않은 조각을 뾰족하게 오리고 구부려서 머리를 표현해요.

3 코스모스 줄기나 강아지풀 등 깃털을 꾸밀 자연물을 채집해요.

종이컵에 꽃꽂이용 오아시스나 클레이를 넣고, 자연물을 꽂아도 돼요.

4 다양한 자연물로 깃털 심지를 따라 채워요.

5 눈 스티커와 그리기 도구로 머리를 꾸며서 공작새를 완성해요.

여름 38 춤추는 지칭개 플라밍고

홍학은 긴 다리와 긴 목을 가졌어요. 몸통은 분홍빛에, 날개와 휘어진 부리 끝은 검은색이죠. 영어로는 '플라밍고(flamingo)'로 '불꽃 새'라는 뜻의 스페인어가 어원이랍니다. 게와 새우 등 갑각류와 플랑크톤을 주로 먹는데, 이 먹이에 붉은 색소가 있어 홍학의 깃털이 분홍빛이 됐다고 해요. 들판에 핀 지칭개의 연한 자줏빛 꽃을 보고 아이가 플라밍고를 떠올렸어요. 그래서 플라밍고를 만들어 보기로 했답니다.

놀이 목표 지칭개에 관심을 가지고 탐색해요. 상상력과 창의력을 길러요.
놀이 준비 지칭개와 다양한 자연물, 양면테이프, 플라밍고 도안

연계 그림책

《플라밍고의 머나먼 여행》
세바스티앙 무랭 글·그림, 미래아이

《플라밍고와 함께》
몰리 아이들 글·그림, 아람키즈

지칭개 꽃으로도 토끼풀 꽃처럼 꽃반지와 팔찌를 만들 수 있어요.

1 지칭개와 자연물을 준비해요.

2 지칭개 꽃은 꽃받침을 떼고 꽃잎 부분만 사용해요.

3 플라밍고 도안에 지칭개 꽃잎을 양면테이프로 붙여서 플라밍고 몸을 표현해요.

4 자연물을 배경에 붙여요.

5 플라밍고가 완성되었어요.

여름 39 무섭고도 재미있는 식충 식물

곤충 등의 작은 동물을 잡은 뒤 그것을 소화해 양분을 얻는 식물을 '식충 식물'이라고 해요. 그중 파리지옥은 잎을 재빠르게 닫아 먹이를 잡는 모습이 무시무시하게 느껴질 정도랍니다. 아이들은 식충 식물의 별난 점들 때문에 직접 키우고 관찰하는 것 자체를 놀이로 즐기기도 해요. 여러 종류의 식충 식물을 직접 키우며 그 특징을 글과 그림으로 기록해 보는 것도 좋은 방법이랍니다.

놀이 목표 식충 식물에 관심을 가져요. 집중력과 관찰력을 키워요.
놀이 준비 다양한 식충 식물, 돋보기, 그리기 도구, 관찰일지 도안

연계 그림책

《내 이름은 파리지옥》
이지유 글/김이랑 그림, 웅진주니어

《식물도 움직여?》
레베카 E.허쉬 글/미아 포사다 그림, 현암주니어

1 식충 식물의 특징을 알아보고 돋보기로 관찰해요.

네펜데스
주머니의 꿀샘에서 냄새를 분비해 벌레를 유인해요.

파리지옥
잎 안쪽의 털을 건드리면 잎을 닫아서 벌레를 잡아요.

짧은 잎 끈끈이주걱
주걱 모양 잎의 붉은 털에서 점액을 분비해 벌레를 잡아요.

긴 잎 끈끈이주걱
잎에 달린 촉수에서 끈끈한 액체를 분비해 벌레를 잡아요.

2 관찰한 식충 식물의 특징을 관찰일지 도안에 적어요.

퍼포리아 사라세니아
주머니에 벌레가 들어오면 끈적한 액체로 벌레를 붙여 잡아요.

벌레잡이제비꽃
잎 표면에서 끈끈한 점액질을 분비해 벌레를 잡아요.

여름 40 알록달록 한천 빙수

여름을 대표하는 디저트로 뭐가 있을까요? 시원한 아이스크림이 떠오르지요? 그중에서도 얼음을 곱게 갈아 우유를 넣고 팥, 과일, 떡 등을 올린 빙수가 그야말로 제격이겠죠. 오늘은 아이와 한천 가루를 이용해 젤리를 만들고, 그것을 자르고 으깨어 그릇에 담아 보았어요. 여기에 여름 숲에서 나는 알록달록한 열매들을 올리면 시원하고 먹음직스런 나만의 빙수가 만들어진답니다.

놀이 목표 소근육을 발달시켜요. 상상력과 창의력을 길러요.

놀이 준비 다양한 자연물, 한천 가루, 요리 놀이 도구(칼, 채, 숟가락 등), 냄비, 실리콘 틀 놀이 트레이, 그릇, 꾸미기 도구(폼폼 등, 생략 가능)

연계 그림책

《눈이 내리면》 황적현 글/강진희 그림, 리틀씨앤톡
《냠냠 빙수》 윤정주 글·그림, 책읽는곰
《카멜레온의 빙수 가게》 다니구치 도모노리 글·그림, 미운오리새끼

눌어붙지 않도록 계속 저어야 해요.

1 찬물 500mL에 한천 가루 2큰술을 넣고 푼 다음, 거품이 포르르 올라올 때까지 끓여요.

2 실리콘 틀에 부어 2~3시간 정도 실온에서 굳혀서 빼내요.

3 다양한 도구로 한천 젤리를 자르고 으깨요.

4 잘게 으깬 젤리를 그릇으로 옮겨요.

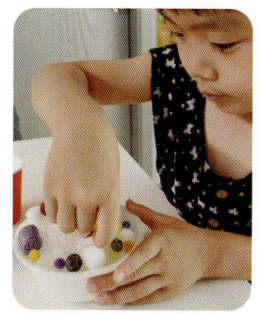

5 자연물과 꾸미기 재료로 토핑해요.

6 나만의 빙수가 완성되었어요.

여름 41 솔방울 나방

여름밤 불빛이 있는 곳에는 어김없이 각종 날벌레들이 모여들어요. 그중 나방이 가장 많이 보이죠. 나방을 해충으로 알고 있는 사람들이 많지만, 나방은 꿀벌이 낮에 하는 일을 밤에 대신해요. 나방은 꿀벌과 좋아하는 식물도 달라, 생태계에 없어서는 안 될 고마운 곤충이랍니다. 아이들과 함께 나방의 생김새와 하는 일에 대해 알아본 후, 솔방울로 정성스럽게 나방을 만들어 보세요.

놀이 목표 나방의 생김새와 역할에 관심을 가져요.
          관찰력과 집중력을 길러요.

놀이 준비 솔방울과 자연물, 가위, 눈 스티커
          양면테이프(또는 목공풀, 글루건), 나방 날개 도안

연계 그림책

《아름다운 나방》
박심성 글/천은실 그림, 소리산

《나비 박물관》
케이티 플린트 글/앨리스 패툴로 그림, 풀과바람

참나무산누에나방

산제비나비

나방의 더듬이는 빗살 또는 톱니 모양이고, 나비의 더듬이는 끝이 곤봉 모양이에요.

1 나방과 나비 그림을 보며 차이점을 관찰해요.

나비와 나방의 차이점이 뭐예요?

나비는 대부분 낮에 활동하고, 나방은 밤에 활동해요. 나비는 날개를 접고 앉지만, 나방은 날개를 펴고 있어요. 나비는 더듬이가 곤봉 모양이고, 나방은 빗살이나 톱니 모양이에요. 나비는 몸이 가늘고 길지만, 나방은 몸이 두꺼워요.

2 나방 날개 도안 위에 솔방울을 붙여요.

3 눈 스티커와 자연물로 나방의 머리를 꾸며서 나방을 완성해요.

여름 42 세균아, 저리 가!

코로나 바이러스가 막 유행하기 시작할 무렵, 등원하던 아이가 한 식물을 가리키면서 "코로나 열매가 열렸어요! 조심해요!"라고 말했어요. 그곳을 보니 손바닥 모양의 나뭇잎이 달린 아주까리가 있었어요. 그 열매 모양이 꼭 삐죽삐죽한 코로나 바이러스 같았어요. 아주까리 열매 속에는 새알 모양의 씨앗이 들어 있어서, 아주까리 열매와 씨앗으로 재밌게 놀이를 할 수 있답니다.

놀이 목표 아주까리에 관심을 가져요. 창의력과 상상력을 키워요.

놀이 준비 아주까리 열매, 눈코입 스티커, 플라스틱 망치, 동물 인형, 병원 놀이 장난감
플러스 놀이 다양한 자연물, 점토

 연계 그림책

《지렁이가 세균 아저씨를 꿀꺽 삼키면》
에릭 바튀 글·그림, 책속물고기

《얘들아, 손 씻으러 가자!》
나카가와 히로타카 글/세리코 그림,
춘희네책방

1 아주까리 열매를 채집해요.

2 아주까리 열매에 눈 스티커를 붙여서 세균을 만들어요.

3 동물 인형을 모아서 역할 놀이를 해요.

플러스 놀이 아주까리 클레이 인형

1 아주까리 열매가 시들면, 열매 안의 씨앗을 꺼내어 탐색해요.

2 자연물과 클레이로 인형을 만들어 보세요.

여름 43 종이로 만든 반딧불이

반딧불이는 여름밤 물가 풀밭에서 많이 볼 수 있어요. 땅 위에 사는 생물 중 스스로 빛을 내는 몇 안 되는 곤충이죠. 반딧불이는 꽁무니에서 빛이 나요. 개똥벌레나 반디라 부르기도 하지요. 옛날에는 반딧불이를 어디서나 쉽게 볼 수 있었는데, 지금은 청정한 곳에서만 볼 수 있어 천연기념물로 지정되기도 했답니다. 아이들과 함께 반딧불이를 만들어 보며, 자연을 소중히 여기는 방법에 대해 얘기 나눠 보세요.

놀이 목표 반딧불이에 대해 관심을 가져요. 소근육 및 눈과 손의 협응력을 길러요.

놀이 준비 다양한 자연물(나뭇가지, 나뭇조각 등), 색종이, 양면테이프, 눈 스티커, 상자

 연계 그림책

《아빠하고 나하고 반딧불이 보러 가요》
양상용 글·그림, 보리

《반딧불이 정언의 어느 밤》
안 크로자 글·그림, 시금치

《반짝반짝 반딧불이 춤춘다》
아드리앵 드몽 글·그림, 책빛

반딧불이 몸통 접기

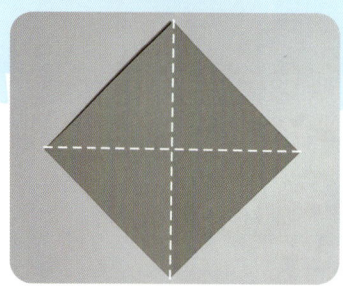

1 색종이를 대각선으로 접었다 펴요.

2 양옆과 아래쪽을 가운데로 접어요.

3 양옆을 가운데로 접어요.

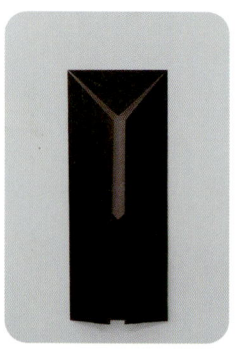

4 윗부분을 접어 내려요.

5 윗부분을 한 번 더 접어 내려요.

6 네 모서리를 비스듬히 뒤로 접어 반딧불이 몸통을 완성해요.

반딧불이 서식지 만들기

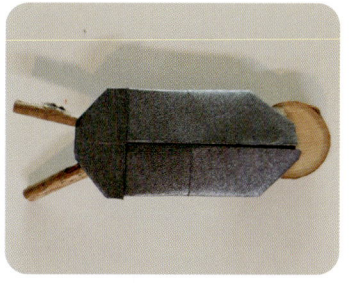  

1 반딧불이 몸통에 나뭇가지와 둥근 나뭇조각을 붙여 더듬이와 빛을 표현해요.

2 반딧불이의 얼굴에 눈 스티커를 붙여요.

> 반딧불이는 어떤 환경을 좋아할까?

3 상자에 다양한 자연물을 넣어 반딧불이 서식지를 만들어요.

4 내가 만든 반딧불이로 놀이해요.

여름 44 모기 퇴치 시나몬

시나몬 스틱은 계피나무 껍질을 둥글게 말아서 건조한 것으로, 특유의 향을 가지고 있어요. 시나몬에는 해충들이 싫어하는 성분이 있어 벌레 기피제를 만들 때도 사용한답니다. 아이들과 캠핑하러 가면 모기 때문에 곤란할 때가 많지요? 그때 시나몬으로 천연 해충 기피제를 만들어 보세요. 점토로 화분을 빚고 시나몬 스틱을 꽂아 자연물로 장식했더니, 캠핑하는 동안 아주 든든했답니다.

놀이 목표 시나몬 스틱을 탐색해요. 집중력과 창의력을 길러요.

놀이 준비 다양한 자연물, 점토, 시나몬 스틱

 연계 그림책

《앵》 천준형 글·그림, 노란돼지
《모기 잡는 책》 진경 글·그림, 고래뱃속

1 점토로 화분을 만들어요.   **2** 시나몬 스틱을 오감으로 탐색한 후, 화분에 시나몬 스틱을 꽂아요.

3 다양한 자연물을 채집해요.   **4** 화분을 자연물로 예쁘게 장식해요.

여름 45 오늘은 내가 헤어 디자이너

미용실 놀이는 아이들의 창의력을 높이기에 아주 좋아요. 고객에게 어울리는 머리 모양을 추천해 주고, 고객의 요구에 따라 멋진 스타일을 만들어 주는 사람을 '헤어 디자이너'로 부르지요. 오늘 아이는 자연물 헤어 디자이너가 되어 보았어요. 여름에 볼 수 있는 다양한 꽃과 풀잎들을 채집해 종이컵 손님들의 머리 모양을 한껏 개성 있게 꾸며 주었답니다. 우리 아이들의 작품, 어떤가요?

놀이 목표 다양한 직업에 관심을 가져요. 창의력과 표현력을 길러요.

놀이 준비 다양한 자연물, 종이컵, 이면지, 점토, 얼굴 사진, 가위, 풀

연계 그림책
《바니의 사계절 미용실》
이은지 글·그림, 위즈덤하우스

1 종이컵에 얼굴 사진을 붙여요.

2 종이컵에 이면지를 구겨 넣고, 그 위를 점토로 채워요.

계절마다 다른 자연물을 이용해 머리를 만들고 비교해 보세요.

3 자연물을 점토에 꽂아 머리를 장식해요.

4 멋지게 머리를 완성해요.

여름 46 신기한 사와로 선인장

아이와 함께 《일 년에 하루, 밤에 피는 꽃》이란 책을 읽었어요. 미국과 멕시코 사막에 사는 사와로 선인장은 약 150년 동안 높이 10미터 정도까지 아주 천천히 자란다고 해요. 4월 중순이 되면 한밤중에 가지 끝에서 하얀 꽃이 피는데, 하룻밤 동안 박쥐, 새, 곤충 등을 유혹해 수분(꽃가루받이)을 하고 바로 진답니다. 아이와 책을 다 읽은 후 돌멩이와 나뭇조각을 이용해 사와로 선인장과 꽃을 만들어 보았어요.

놀이 목표 선인장과 선인장 꽃에 관심을 가져요. 미적 감각과 색채감을 길러요.

놀이 준비 돌멩이, 나뭇조각, 아크릴 물감, 붓, 목공풀

연계 그림책

《일 년에 하루, 밤에 피는 꽃》 라라 호손 글·그림, 웅진주니어
《크림별 선인장》 효문 글·그림, 달리

1 사와로 선인장을 찾아 감상해요.

2 돌멩이에 아크릴 물감을 칠해서 선인장 줄기를 표현해요.

3 나뭇조각을 목공풀로 붙여 꽃 모양으로 만들어요.

4 꽃을 아크릴 물감으로 칠해요.

5 선인장 줄기 위에 꽃을 놓아서 선인장을 완성해요.

> 캔버스에 글루건으로 단단히 고정하면 액자처럼 전시할 수 있어요.

여름 47 도화지가 된 돌멩이

자연물은 정해진 틀이 없어 아이들의 호기심을 자극하고 상상의 나래를 끝없이 펼치게 하는 놀잇감이에요. 그중 돌멩이는 우리 주변에서 쉽게 구할 수 있는 자연물로 크기도 색도 모양도 아주 다양하지요. 할머니가 정원을 가꾸려고 구한 돌멩이로 무엇을 할 수 있을까 고민하다 이번에는 돌멩이를 도화지 삼아 그림을 그려 보기로 했답니다. 과연 돌멩이 그림에 무슨 이야기가 담길까요?

놀이 목표 예술 감각과 창의력, 상상력을 키워요. 사고력과 어휘력을 길러요.

놀이 준비 평평한 돌멩이, 그리기 도구(유성 매직, 크레파스 등)

연계 그림책

《너를 사랑할 때》
린다 크란츠 글·그림, 옐로스톤

《달팽이 화가 마티스》
팀 홉굿 글/샘 바우턴 그림, 국민서관

1 돌멩이 모양을 탐색하며 그리고 싶은 그림을 생각해요.

2 돌멩이 위에 그림을 그려요.

3 크고 작은 돌멩이에 마음껏 그림을 그려요.

4 그림을 연결하며 이야기를 만들어 보세요.

여름 48 아기자기 돌멩하우스

아이들은 가끔 돌멩이를 주워 와 소중히 간직하고는 해요. 흔하디흔한 돌멩이지만 아이들에게는 특별해 보이기 때문이죠. 그런데 실제로 '반려 돌'이 있어요. 미국의 게리 달(Gary Dahl)이라는 사람이 '애완 돌(Pet Rock)'을 판매했다는군요. 아이들이 좋아하는 돌멩이로 이번에는 '반려 돌'을 만들어 볼까요? 아이 마음에 드는 돌멩이를 아기자기하게 꾸미고, 함께 산책도 나가며, 지낼 집도 만들어 보는 거예요.

놀이 목표 창의력과 상상력을 길러요. 공간 구성을 경험해요.

놀이 준비 돌멩이, 가위, 풀, 그리기 도구(유성 매직, 크레파스 등) 돌멩하우스 도안

연계 그림책

《나는 돌멩이》 사카모토 치아키 글·그림, 올리
《돌멩이》 마리안나 코포 글·그림, 키즈엠
《안녕, 돌멩이야》
주세페 칼리체티 글/노에미 볼라 그림, 단추

1 돌멩이 위에 눈코입을 그려 반려돌을 만들어요.

이 반려돌 이름은 발발이예요.

2 도안을 오려서 반려돌을 꾸며요.

재접착 풀을 이용하면 돌멩하우스 옷장 안에 소품을 붙여 보관할 수 있어요.

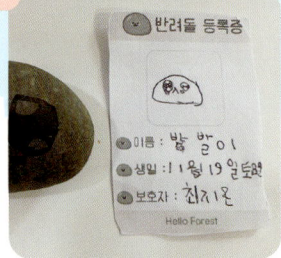

3 반려돌 등록증을 만들어요.

4 돌멩하우스를 만들어요.

5 돌멩하우스를 다양한 소품으로 꾸미고 반려돌로 재밌게 놀이해요.

여름 49 안녕? 능소화 요정

여름에 많이 볼 수 있는 꽃 중 하나가 바로 능소화예요. 능소화나무는 덩굴식물인데, 주황빛 꽃이 종처럼 보이기도 하고, 나팔이나 깔때기처럼 보이기도 해요. 한차례 비가 쏟아진 어느 날, 바닥에 떨어진 능소화를 몇 송이 주워 왔어요. 능소화를 보고 예쁜 원피스 같다고 한 아이 말에 힌트를 얻어 요정을 만들어 봤어요. 능소화 원피스를 입고 살구 머리를 한 요정은 우리에게 어떤 이야기를 들려줄까요?

놀이 목표 능소화의 색과 모양에 관심을 가져요. 상상력과 표현력을 길러요.

놀이 준비 능소화 꽃잎, 나뭇가지, 살구, 자연물, 눈 스티커

연계 그림책

《노랑나비랑 나랑》 백지혜 그림/최정선 엮음, 보림
《예뻐》 신혜원 글·그림, 딸기책방
《꼬치의 꽃이 피는 날》 풍요 글·그림, 풍요하리

살구 대신 비슷한 크기의 열매나 스티로폼 공, 폼폼이, 점토 등을 활용할 수 있어요.

1 능소화 꽃잎과 나뭇가지, 살구를 준비해요.

3에서 능소화 꽃잎을 끼울 때 고정하는 역할을 해요.

2 나뭇가지에 살구를 끼워요.

3 살구 위로 능소화 꽃잎을 끼워서 요정의 원피스를 표현해요.

능소화 요정은 어떤 마법을 부릴 수 있을까?

4 살구 하나를 더 끼우고 눈 스티커를 붙여서 능소화 요정을 완성해요.

5 작은 꽃과 풀잎 등으로 꾸며도 좋아요.

여름 50 가지랑 놀러 가지

윤기 나는 보랏빛 가지는 여름에 무럭무럭 자라는 채소예요. 주로 나물, 볶음, 튀김 등으로 요리하는데, 부드러운 식감이 특징이죠. 게다가 항산화 영양소인 안토시아닌이 풍부하답니다. 하지만 가지 반찬을 좋아하는 아이들은 별로 없지요. 자, 이번에는 가지로 펭귄도 만들어 보고, 고래도 만들어 보세요. 가지와 실컷 논 아이들이 밥상에 올라온 가지 반찬에 관심을 가질지도 몰라요.

놀이 목표 가지에 대한 거부감을 없애요. 표현력과 창의성을 길러요.

놀이 준비 `공통` 가지, 칼 `놀이1` 플라스틱 빵칼 `놀이2` 스탬프, 종이, 눈 스티커, 그리기 도구 `놀이3` 이쑤시개, 스티커, 수조나 어항 `놀이4` 이쑤시개, 눈 스티커, 주름 빨대, 가위

 연계 그림책

《냠냠 꿀꺼덕 와, 맛있겠다》
라주 글/카이치 토오루 그림, 바둑이하우스

《너도 같이 갈래?》
김영진 글/모니카 그림, 꿈터

놀이1 가지 자르기

1 플라스틱 빵칼을 이용해서 가지를 자르고 단면을 관찰해요.

유니콘 뿔 같아요!
2 자르고 남은 조각이 무엇을 닮았는지 상상해요.

놀이2 가지 도장 놀이

무슨 모양을 만들었니?

1 가지 조각에 스탬프 잉크를 묻혀 종이에 찍어요.

2 도장 찍은 모양을 스티커로 꾸미고, 그림을 그려요.

놀이3 가지 돛단배

1 이쑤시개에 스티커를 붙여 돛을 만든 다음, 가지 단면에 꽂아서 돛단배를 만들어요.

2 수조에 물을 담고 가지 돛단배를 띄워 놀아요.

놀이4 가지로 만든 동물

펭귄

1 가지를 반으로 자른 후, 꼭지 아래쪽 앞부분만 껍질을 벗겨서 몸통을 만들어요.

2 벗겨 낸 껍질은 발 모양으로 만들어 몸통 아래 붙이고, 양옆에 칼집을 내어 날개를 만들어요.

3 꼭지 부분에 눈 스티커를 붙여요.

4 펭귄이 완성되었어요.

고래

1 주름 빨대를 잘라서 주름 윗부분을 잘게 잘라 펼쳐요.

2 가지 양옆에 칼집을 넣어 가슴지느러미를 만들어요.

3 빨대를 꽂아서 물 뿜는 모습을 표현해요.

4 눈 스티커를 붙여서 고래를 완성해요.

개미

1 동그란 가지 조각 3개를 이쑤시개로 꽂아서 머리-가슴-배를 표현해요.

2 이쑤시개를 꽂아 더듬이를 만들고, 눈 스티커를 붙여서 개미를 완성해요.

3 영차 영차 개미가 짐을 나르고 있어요.

가지로 만든 동물들로 재밌게 놀아요.

여름 51 조개껍데기 꽃병

'새활용'이란 말 들어 보셨나요? 버려진 물품을 새로운 아이디어와 디자인으로 다시 활용하는 것을 일컫는 말이랍니다. 새로운 가치를 지닌 제품으로 재탄생시키는 것이죠. 여름철 바닷가에서 만날 수 있는 조개껍데기는 모양과 크기, 색이 다양하고 오래 놔둬도 변하지 않아 훌륭한 미술 재료가 됩니다. 오늘은 아이와 함께 페트병, 점토, 조개껍데기를 이용해 '새활용 꽃병'을 만들어 봤어요.

놀이 목표 조개껍데기를 탐색해요. 창의력과 표현력을 길러요.

놀이 준비 점토, 페트병, 조개껍데기 `플러스 놀이` 유리병

 연계 그림책

《갯벌 학교》 유미희 글/한지아 그림, 바우솔
《조개 이야기》 헬렌 스케일스 글/소니아 풀리도 그림, 아르볼
《조개는 왜 껍데기가 있을까?》 멜리사 스튜어트 글/세라 S.브래넌 그림, 다섯수레

조개껍데기를 직접 채집할 수 없다면, 만들기 재료로 파는 제품을 구입해 보세요.

1 페트병과 점토, 조개껍데기를 준비해요.

2 페트병에 점토를 전체적으로 감싸 붙여요.

3 점토 위에 조개껍데기를 붙여서 완성해요.

`플러스 놀이`

같은 방법으로 유리병을 활용해 연필꽂이도 만들어 보세요.

03
Hello, Autumn

안녕,
알록달록 가을

가을 01 빙그르르 나뭇잎 퍼즐

아이마다 성격도 생김새도 모두 다르듯 우리 주변의 나무도 그래요. 특히 단풍이 드는 가을이 되면 초록 옷을 입던 나뭇잎들이 약속한 것처럼 모두 울긋불긋한 옷으로 갈아입는답니다. 그렇기에 가을은 나뭇잎으로 놀기에 아주 적당한 계절이죠. 여러 가지 모양과 색의 나뭇잎을 직접 만지고 냄새를 맡다 보면 오감이 자극된답니다. 빙그르르 나뭇잎 퍼즐을 돌려 맞추며 나뭇잎을 더 자세히 관찰해 보세요.

놀이 목표 나뭇잎의 모양과 변화에 관심을 가져요. 관찰력과 집중력을 길러요.

놀이 준비 다양한 모양의 낙엽, 상자, 목공풀, 가위, 커터칼, 송곳, 할핀, 테이프

연계 그림책

《내가 만든 나뭇잎 하나》
윤여림 글/정유정 그림, 웅진주니어

《개미 100마리 나뭇잎 100장》
노정임 글/안경자 그림, 웃는돌고래

《가을이 오리》 한연진 글·그림, 보림

1 상자를 3가지 크기의 원형으로 잘라요.

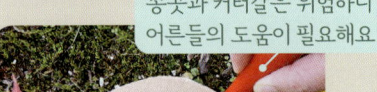
송곳과 커터칼은 위험하니 어른들의 도움이 필요해요.

2 지름이 큰 순서대로 겹친 뒤, 송곳으로 중심에 구멍을 뚫어요.

할핀의 갈라진 끝에 테이프를 붙이면 손에 긁힐 위험이 없어요.

3 구멍에 할핀을 꽂아 고정해요.

4 다양한 모양의 나뭇잎을 세 개의 원형에 걸쳐서 목공풀로 붙여요.

5 커터칼로 원형의 테두리를 따라 그어서 나뭇잎을 분리해요.

6 빙글빙글 퍼즐을 돌리면서 나뭇잎을 맞춰요.

가을 02 단풍 고운 막대 인형

아이들은 인형을 통해 속마음을 꺼내 놓기도 하고, 다른 누군가가 되어 그 사람의 마음을 표현해 보기도 해요. 인형 놀이는 언어를 발달시키고, 다양한 역할에 몰입하며 공감 능력과 사회성을 높여 준답니다. 단풍이 곱게 든 나뭇잎으로 막대 인형을 만들고 아이들과 다양한 상황을 연출해 보세요. "왜 그렇게 되었을까?" 이유도 묻고, "그래서 어떻게 되었니?" 질문에 답하다 보면 상상력과 사고력도 자란답니다.

놀이 목표 상상력과 창의력을 길러요. 언어를 발달시키고 사회성을 길러요.

놀이 준비 다양한 자연물, 아이스크림 막대, 목공풀, 양면테이프
꾸미기 재료(접착 눈알, 리본, 스티커 등)

 연계 그림책

《낙엽이 속닥속닥》
한태희 글·그림, 예림당

아이스크림 막대 대신, 나뭇가지나 나무젓가락을 활용할 수 있어요.

1 다양한 자연물과 꾸미기 재료를 준비해요.

2 아이스크림 막대 한쪽 끝에 양면테이프를 붙여요.

이 인형에 이름을 붙여 주자!

3 나뭇잎을 꾸미기 재료로 꾸며서 인형 얼굴을 만들어요.

4 아이스크림 막대에 나뭇잎 얼굴을 붙이고, 막대도 다양하게 꾸며요.

5 막대 인형으로 역할 놀이를 해요.

가을 03 찰흙 버섯이 봉긋~!

가을 산을 오르다 보면 여기저기서 쑥쑥 돋아나는 버섯을 볼 수 있어요. 하지만 야생 버섯은 함부로 채취할 수 없고, 독이 있을지도 모른답니다. 아이들과 찰흙을 이용해 다양한 모양의 버섯을 만들어 보세요. 찰흙 놀이는 손가락 소근육을 발달시키고, 감각을 통해 뇌를 자극하며, 창의력과 표현력을 기르고, 정서적 안정감을 느끼게 해요. 또한 머릿속 이미지를 완성해 가며 성취감과 자신감까지 얻게 한답니다.

놀이 목표 찰흙을 오감으로 탐색해요. 소근육과 두뇌를 발달시켜요.

놀이 준비 다양한 자연물, 찰흙, 상자, 가위, 휴지심, 목공풀

 연계 그림책

《숲은 살아 있다》
은미향 글·그림, 북극곰

쥐기, 누르기, 뭉치기, 나누기, 손바닥/주먹으로 치기 등 다양하게 탐색해요.

1 찰흙을 조물조물 만지며 탐색해요.

2 동그랗게 자른 상자 위에 찰흙으로 버섯의 갓 부분을 만들어요.

알록달록한 열매로 예쁘게 꾸며 보자.

3 다양한 자연물로 버섯 갓을 꾸며요.

4 휴지심 위에 목공풀을 바르고 버섯 갓을 얹어요.

이 버섯은 붉은 점박이 버섯이에요!

5 가을 숲에 봉긋~ 버섯이 돋아났어요.

가을 04 솔방울 꼬리 다람쥐

잣나무는 사계절 내내 푸른 나무로, 바늘 모양 잎이 다섯 개씩 뭉쳐나 '오엽송'이라고도 해요. 뾰족한 잎을 가진 침엽수의 열매를 통틀어 '솔방울'으로 부르는데, 잣나무 솔방울에는 비늘 모양의 '실편'이 모여 있고 그 안에 세모난 잣이 들어 있답니다. 특히 잣나무 솔방울은 크고 기다래서 다람쥐 꼬리와도 많이 닮았어요. 오늘은 아이와 잣나무 솔방울로 가을 숲을 노니는 다람쥐를 만들어 볼 거예요.

놀이 목표 잣나무의 솔방울을 탐색해요. 상상력과 표현력을 길러요.
놀이 준비 잣나무 솔방울, 점토, 가위, 풀, 다람쥐 도안

 연계 그림책

《도토리 줍기 싫은 날》
주미경 글/한차연 그림, 키즈엠

《조금 많이》
올리비에 탈레크 글·그림, 이숲아이

1 잣나무 솔방울을 탐색해요.

> 소나무 솔방울을 준비해 무엇이 같고 다른지 관찰해도 좋아요.

2 다람쥐 도안으로 다람쥐 몸통을 만들어요.

 소나무와 잣나무, 구분이 어려워요.

소나무와 잣나무 모두 잎이 바늘처럼 뾰족해요. 소나무는 잎이 2~3개씩 뭉쳐 있고, 잣나무는 5개씩 뭉쳐 있어요. 소나무의 솔방울은 동글동글하지만, 잣나무 솔방울은 기다란 모양이에요. 소나무는 씨에 날개가 있어 바람을 타고 퍼져가는데, 잣나무 씨는 동물들이 잣을 먹고 배설하면서 씨앗이 퍼져나간답니다.

3 점토를 뭉쳐 다람쥐 몸통 안쪽에 붙여요.

4 점토에 솔방울을 꾹 눌러 붙여 꼬리를 표현해요.

가을 05 가을 숲 탐정 놀이

'가을 숲' 하면 무엇이 가장 먼저 떠오르나요? 아마도 울긋불긋 단풍이 든 나뭇잎과 바스락거리며 밟히는 낙엽, 그리고 숲속 동물들이 좋아하는 다양한 열매가 생각날 거예요. 가을 숲은 자연물을 채집하기에 아주 좋아요. 여기저기 나뭇잎과 열매들이 많이 떨어져 있으니까요. 아이들과 자연물 탐정이 되어, 가을 숲이 선물한 다채로운 자연물들을 달걀판에 담아 보세요. 보물찾기 놀이보다 훨씬 더 재밌답니다.

놀이 목표 가을의 색과 자연물들을 찾아요. 대근육과 소근육을 발달시켜요.

놀이 준비 다양한 자연물, 10구 달걀판, 풀, 가위,
가을의 보물 스티커(헬로숲 스마트 스토어, 달걀판과 함께 판매)

연계 그림책

《나뭇잎은 어떻게 초록이 되나요》
미아 포사다 글·그림, 풀과 바람

《페르디의 가을나무》
줄리아 롤린슨 글·그림, 느림보

1 가을의 보물 스티커를 달걀판 뚜껑의 안쪽과 바깥쪽에 붙여요.

사진과 같은 자연물을 담으면서 '일대일대응' 개념을 익힐 수 있어요.

2 달걀판을 들고 밖으로 나가요.

3 뚜껑 안쪽의 자연물과 같은 것을 찾아 달걀판에 담아요.

4 가을의 보물을 다 찾았어요.

5 같은 방법으로 가을의 색을 찾아 보세요.

가을 06 노란 은행잎 나비

가을이 되면 도시 풍경을 노랗게 물들이는 나무가 있답니다. 바로 은행나무죠. 공룡이 살던 시대 이전부터 지구에 있었고 지금까지 살아남았기 때문에 '살아 있는 화석'이라고도 부른답니다. 부채를 닮은 은행잎은 가을이면 샛노랗게 물들고 후드득 떨어져 낙엽이 되죠. 은행잎은 노란 나비를 닮기도 했어요. 이번에는 아이들과 아무런 도구 없이 산책길에 주운 은행잎으로 나비를 만들어 볼 거예요.

놀이 목표 은행잎의 색깔과 모양을 탐색해요. 창의력과 상상력을 길러요.

놀이 준비 은행잎

 연계 그림책

《은행나무 열매》
미야자와 겐지 글/오이카와 겐지 그림, 여유당

《은행나무》
김선남 글·그림, 천개의바람

> 은행잎의 크기를 비교하며 수학적 개념도 익힐 수 있어요.

1 크기가 다른 은행잎 2장을 준비해요.

2 큰 은행잎 위에 작은 은행잎을 올려놓아요.

3 은행잎을 반으로 접어요.

4 잎자루와 잎몸이 만나는 부분을 아래로 내려 접어요.

5 잎자루를 한 바퀴 돌려서 묶어요.

> 나비 날개 위에 스티커를 붙이거나 사인펜으로 그림을 그려도 좋아요.

6 묶은 부분을 펼쳐 나비 모양을 만들어요.

> 잎자루를 반으로 가르면 더듬이를 표현할 수 있어요.

7 은행잎 1장으로 3~6번 과정을 따라 나비를 만들어 보세요.

가을 07 가을 꽃다발을 선물해요

낙엽은 가을철이면 언제 어디서든 흔히 볼 수 있는 자연물이죠. 색도 모양도 다양해 아이들의 오감을 자극하는 데 훌륭한 놀잇감이기도 해요. 아이들과 함께 낙엽을 주워 가을 꽃다발을 만들어 보세요. 꽃다발을 누구에게 왜 주고 싶은지, 어떤 말을 하며 꽃다발을 주면 좋을지도 이야기 나누어 보세요. 세상에 단 하나밖에 없는 꽃다발이 누군가의 마음을 감동으로 물들일지도 모른답니다.

놀이 목표 나뭇잎의 변화에 관심을 가져요. 정서적 유대감을 형성해요.

놀이 준비 상자, 양면테이프, 가위, 낙엽

연계 그림책

《아빠 셋 꽃다발 셋》 국지승 글·그림, 책읽는곰

《축하합니다》 조미자 글·그림, 핑거

1 상자를 꽃다발 모양으로 자른 다음, 낙엽 붙일 부분에 양면테이프를 붙여요.

가위로 오려서 원하는 모양을 만들어 보세요.

2 양면테이프의 이형지를 떼어 내고 낙엽을 붙여 꽃다발을 완성해요.

꽃다발을 누구에게 선물하고 싶니?

3 사랑하는 사람에게 꽃다발을 선물해요.

4 가을 열매를 목공풀로 붙여도 좋아요.

가을 08 은행잎을 가득 모아

유난히 바람이 많이 부는 날이면 은행나무에서 노란 은행잎이 우수수 떨어져 내려요. 마치 은행잎 비가 내려와 길바닥을 황금빛 카펫으로 덮는 것 같지요. 아이들은 떨어지는 낙엽을 허공에서 잡으면 소원이 이루어진다는 말에 은행나무 아래에서 폴짝폴짝 뛰기도 해요. 오늘은 은행잎을 주워 차곡차곡 모아 봤어요. 예쁜 은행잎 꽃다발이 완성됐네요. 가을날, 아이와의 즐거운 추억이 또 하나 생기겠지요?

놀이 목표 은행잎을 탐색해요. 창의력과 표현력을 길러요.

놀이 준비 은행잎과 다양한 자연물, 빵끈(또는 고무줄)

 연계 그림책
《노랑 은행잎의 꿈》
박영옥 글/전주영 그림, 이서원

1 은행잎을 주워요.

은행잎을 돌돌 말면 무엇이 될까?

2 은행잎을 돌돌 말아요.

3 하나씩 차곡차곡 쌓아 가며 꽃 모양을 만들어요.

4 은행잎의 잎자루를 모아 빵끈으로 묶어요.

5 빨간색 낙엽과 자연물을 이용해 꽃다발을 장식해요.

가을 09 울긋불긋 변신 카멜레온

카멜레온은 몸 색깔을 바꾸는 데 뛰어난 재능이 있죠. 천적을 피하기 위해 보호색을 띠기도 하지만, 감정을 표현할 때도 몸 색깔을 바꾼다고 해요. 카멜레온은 편안한 상태에선 몸이 초록색을 띠고, 긴장한 상태에선 노랑, 주황, 빨강 등으로 색이 바뀐답니다. 마치 초록 나뭇잎이 울긋불긋 물드는 것 같아요. 이번에는 여러 가지 색깔의 낙엽들을 이용해 아이와 함께 카멜레온 놀이를 해 보세요.

놀이 목표 낙엽의 색을 탐색해요. 관찰력과 집중력을 길러요.

놀이 준비 다양한 색깔의 낙엽, 나뭇가지, 상자, 커터칼, 할핀, 목공풀, 가위, 송곳

연계 그림책

《뒤죽박죽 카멜레온》
에릭 칼 글·그림, 시공주니어

《눈부신 카멜레온 레온》
제인 클라크 글 / 브리타 테켄트럽 그림, 사파리

1 상자를 똑같은 크기의 원형으로 오려요.

2 원형판 두 개를 겹친 후 송곳으로 중심에 구멍을 내요.

> 송곳으로 구멍 낸 곳은 피해서 오려요.

3 원형판 하나를 카멜레온 모양으로 잘라 내요.

4 다른 원형판에 목공풀을 칠한 다음, 다양한 색의 낙엽을 붙여요.

5 원형판 밖으로 튀어나온 낙엽을 잘라서 정리해요.

> 할핀의 갈라진 끝에 테이프를 붙이면 손에 긁힐 위험이 없어요.

6 목공풀이 다 마르면, 원형판을 겹치고 할핀을 꽂아 고정해요.

7 카멜레온 다리 사이에 나뭇가지를 붙여서 완성해요.

가을 10 두둥실 낙엽 열기구

널따란 평야에 높이 떠 있는 알록달록한 열기구들을 본 적 있나요? 열기구 축제가 열리는 미국, 호주 등에서는 이런 광경을 보는 게 가능하답니다. 살랑거리는 바람에 두둥실 떠다니는 열기구들을 보고 있으면 오색 빛으로 물드는 가을 풍경이 떠오르곤 해요. 아이와 함께 여러 가지 색깔과 모양의 낙엽으로 열기구를 만들어 보세요. 어디로 날아가고 싶은지 이야기도 나눠 보면 어떨까요?

놀이 목표 다양한 나뭇잎을 탐색해요. 관찰력과 창의력을 길러요.
놀이 준비 낙엽, 양면테이프, 가위, 송곳, 상자, 마끈, 열기구 도안

연계 그림책

《세상에 필요한 건 너의 모습 그대로》
조안나 게인즈 글/줄리아나 스와니 그림, 템북

《레니와 빌리의 빨간 풍선》
김남진 글·그림, 사계절

1 열기구 전체 도안을 상자에 붙여요.

2 열기구 바구니 도안을 둥그렇게 띄워서 붙여요.

3 열기구의 풍선 부분에 양면테이프를 붙여요.

4 양면테이프의 이형지를 떼어 내고 낙엽을 붙여요.

5 열기구 모양 밖의 상자를 잘라 내고, 마끈을 매달아요.

6 낙엽을 더 풍성하게 붙여서 열기구를 완성해요.

열기구를 타고 백두산에 가 보고 싶어요!

가을 11 낙엽 트리케라톱스

아이들은 공룡을 왜 좋아할까요? 지금은 볼 수 없는 멸종 동물이고, 거대한 몸집에 무시무시한 생김새 때문은 아닐까요? 그중 트리케라톱스는 세 개의 뿔과 넓은 투구 모양의 프릴로 아주 독특한 생김새를 하고 있답니다. 가을에 많이 보이는 플라타너스 잎이나 단풍잎을 이용해 트리케라톱스의 프릴을 표현할 수 있어요. 공룡에 대해 얘기 나누며 자연물로 다양한 공룡을 만들어 보세요.

놀이 목표 트리케라톱스의 생김새에 관심을 가져요.
관찰력과 창의력을 길러요.

놀이 준비 낙엽, 양면테이프, 가위, 그리기 도구(색연필, 크레파스 등)
트리케라톱스 도안

연계 그림책

《히히히 맛있겠다》
미야니시 타츠야 글·그림, 달리

《다른 공룡이 되고 싶어?!》
박진영 글/최유식 그림, 현암주니어

1 트리케라톱스 도안에 색칠해요.

2 트리케라톱스 도안을 가위로 오려요.

3 프릴 도안에 양면테이프를 붙여요.

잎이 손바닥 모양인 플라타너스잎, 단풍잎, 고로쇠나무잎 등을 활용해요.

4 양면테이프의 이형지를 떼어 내고 낙엽을 붙여요.

크아앙! 트리케라톱스가 나타났다!
5 얼굴과 다리 도안을 앞뒤로 붙여 트리케라톱스를 완성해요.

6 여름에 초록빛 나뭇잎으로도 만들어 보세요.

가을 12 솔방울 안킬로사우루스

안킬로사우루스는 온몸이 뼈 갑옷으로 덮여 있고, 갑옷 위로 삐죽삐죽한 가시가 솟아 있어서 적으로부터 몸을 보호할 수 있었어요. 무엇보다 꼬리 끝에 달린 단단한 뼈뭉치 곤봉이 안킬로사우루스의 강력한 무기였답니다. 잣나무 솔방울에 있는 비늘 모양의 실편을 이용해 안킬로사우루스 갑옷의 가시를 표현해 보세요. 또 어떤 자연물로 안킬로사우루스를 표현할 수 있을까요?

놀이 목표 안킬로사우루스의 생김새에 관심을 가져요.
  관찰력과 창의력을 길러요.

놀이 준비 잣나무 솔방울, 목공풀, 그리기 도구(색연필, 크레파스 등)
  안킬로사우루스 도안

 연계 그림책

《모두 다 사랑해》
미야니시 타츠야 글·그림, 달리

《똑같은 공룡을 찾아 줘!》
야마시타 고헤이 글·그림, 현암주니어

1 안킬로사우루스 도안을 색칠해요.

아이들이 실편을 떼기는 어려우니 어른들의 도움이 필요해요.

2 잣나무 솔방울의 실편을 탐색해요.

3 실편을 안킬로사우루스 가시 부분에 목공풀로 붙여요.

작은 솔방울이나 도토리로 곤봉을 표현해도 좋아요.

4 꼬리의 곤봉까지 붙여 주세요.

5 솔방울 안킬로사우루스가 완성되었어요.

가을 13 스칸디아모스 가을 나무

스칸디아모스는 극지방의 이끼를 가공한 것으로, 주로 스칸디나비아 반도에서 자라는 이끼(Moss)를 사용해 그런 이름이 붙였답니다. 순록이 먹는다고 해서 '순록 이끼'로도 부르지요. 스칸디아모스는 제습과 가습, 소음과 먼지 흡수, 탈취 효과가 있대요. 색상도 다양해 인테리어 소품으로 많이 활용된답니다. 오늘은 다양한 색상의 스칸디아모스로 가을에 나무가 울긋불긋 물드는 모습을 표현해 볼 거예요.

놀이 목표   스칸디아모스의 특징에 관심을 가져요. 색채 감각을 길러요.

놀이 준비   스칸디아모스, 나무틀('모스프레임'으로 검색), 목공풀, 돋보기

  연계 그림책

《나무를 자르기 전에》
아리안나 파피니 글·그림, 봄나무

《가을 나무》
유하 글/윤지혜 그림, 키즈엠

1 다양한 색의 스칸디아모스를 탐색해요.

2 나무틀 안쪽 면에 목공풀을 발라요.

3 스칸디아모스를 나무틀 안쪽에 채워 넣어요.

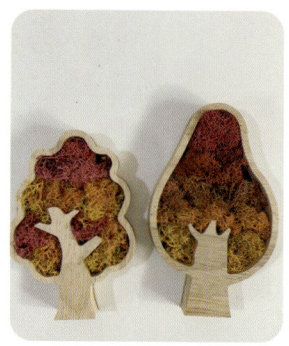

4 가을 나무를 완성해요.

  스칸디아모스가 부드럽지 않아요.

수분이 증발하면 폭신한 느낌은 없어지고, 심할 경우 부스러질 수 있어요. 화장실이나 가습기 근처 등 습기가 많은 곳에 며칠 두면 다시 원상태로 복원된답니다. 스칸디아모스에 직접 물을 주면 딱딱하게 굳어질 수 있으니 주의해 주세요!

가을 14 가을이 바구니 가득

바구니는 무엇을 담느냐에 따라 꽃바구니가 되기도 하고, 과일 바구니가 되기도 해요. 가을을 가득 담았다면 가을 바구니가 되겠지요? 가을을 담으러 가을 숲으로 떠나 보세요. 숲에서 만나는 각종 솔방울, 낙엽, 도토리 등 다양한 색깔과 모양의 자연물들로 바구니를 가득 채우는 거예요. 자연이 우리에게 주는, 세상에서 가장 특별한 바구니가 눈앞에 나타난답니다.

놀이 목표 계절감을 느껴요. 가을의 자연물을 탐색하며 관찰력을 길러요.

놀이 준비 다양한 자연물, 상자, 목공풀, 가위, 커터칼, 바구니 도안

연계 그림책

《가을 열매 산책》
신수인 글/원혜영 그림, 개똥이

《바스락바스락, 가을이에요!》
엘런 델랑어 글/안나 린드스텐 그림, 키즈엠

1 바구니 도안을 오려서 상자에 붙여요.

2 바구니 모양으로 상자를 잘라요.

바구니 부분에 투명한 비닐을 붙여 자연물을 넣어도 돼요.

3 채집한 자연물을 바구니 안에 목공풀로 붙여요.

누구에게 선물하고 싶니?

4 가을을 가득 담은 바구니가 완성되었어요.

가을 15 코스모스 팔찌

가을이 되면 냇가나 숲길에서 자주 볼 수 있는 꽃이 있어요. 바로 코스모스예요. 가을 바람에 한들한들 가냘프게 흔들리는 모습이 매력적이죠. 코스모스의 색은 진분홍색, 흰색, 자주색, 연보라색 등으로 다양해요. 코스모스를 보러 산책을 나설 정도로 인기 있는 꽃이죠. 산책길에 투명 테이프를 준비하면 간단하게 팔찌도 만들 수 있답니다. 오늘은 코스모스 팔찌와 함께 가을의 정취를 흠뻑 느껴 보세요.

놀이 목표 코스모스에 관심을 가져요. 코스모스를 감상하며 생태 감수성을 길러요.

놀이 준비 코스모스 꽃잎, 포장용 투명 테이프, 펀치, 리본끈

 **연계 그림책**

《가을 아침에》
김지현 글·그림, 스콜라

> 진한 분홍색 꽃잎으로 만들 거예요.

1 바닥에 떨어진 코스모스 꽃잎을 주워요.

2 투명 테이프의 끈끈한 부분이 밖으로 나오도록 한 바퀴 감은 후, 코스모스 꽃잎을 붙여요.

> 테이프를 길게 하면 머리띠, 목걸이도 가능해요.

3 한 바퀴 감은 테이프를 잘라 낸 다음, 꽃잎 위에 투명 테이프를 붙여요.

4 양쪽 끝에 펀치로 구멍을 뚫어요.

5 구멍에 리본끈을 넣어 묶어서 코스모스 팔찌를 완성해요.

가을 16 낙엽 사자 갈기와 토끼 귀

쓸모없어 보이는 물건이라도 아이들에겐 창의력을 높여 주는 좋은 놀잇감이 될 수 있어요. 아이들은 어떤 것에 관심을 보이다가도 금방 흥미를 잃기 때문에 재활용품을 이용한 장난감이 경제적일뿐더러, 플라스틱 소비를 줄여서 환경도 보호할 수 있답니다. 오늘은 휴지심과 낙엽을 이용해 사자와 토끼를 만들 거예요. 아이들만의 톡톡 튀는 상상력으로 다른 동물들도 만들어 보세요.

놀이 목표 동물의 특징을 자연물로 표현해요. 상상력과 창의력을 길러요.

놀이 준비 다양한 자연물, 휴지심, 가위, 풀, 눈코입 스티커
휴지심 동물 도안

연계 그림책

《토끼가 커졌어》
정성훈 글·그림, 한솔수북

《사자가 작아졌어》
정성훈 글·그림, 비룡소

눈코입을 직접 그려 넣어도 좋아요.

1 준비한 동물 도안에 눈코입 스티커로 얼굴을 꾸며요.

2 도안을 직사각형 경계를 따라 오려서 휴지심에 붙여요.

3 얼굴과 몸통, 다리 경계를 따라 오려요.

기다란 토끼 귀는 길쭉한 나뭇잎으로 붙일래요.

4 목공풀로 나뭇잎을 붙여서 토끼의 귀를 표현해요.

5 마찬가지로 사자 갈기도 붙여서 사자와 토끼를 완성해요.

가을 17 낙엽 조각보 아트

'조각보'는 쓰다 남은 자투리 천을 이어서 만든 보자기예요. 원래는 사용하고 남은 천 조각을 버리지 않고 모았다가 필요할 때 적당한 크기와 색깔의 조각을 찾아 썼다고 해요. 최근에는 조각보가 인테리어 소품이 되기도 하고, 예술 작품이 되기도 해요. 가을 낙엽의 고유한 빛깔은 조각보 예술을 하기에 좋아요. 낙엽들을 하나하나 모아 캔버스에 붙이면, 오늘은 아이들이 아티스트가 되어 있을 거랍니다.

놀이 목표 낙엽의 색과 모양에 관심을 가져요. 소근육 및 눈과 손의 협응력을 길러요.

놀이 준비 낙엽, 캔버스, 가위, 양면테이프

 연계 그림책

《조각 이불》 앤 조나스 글·그림, 비룡소

1 색색의 낙엽을 주워요.

2 낙엽을 켜켜이 겹쳐서 네모로 잘라요.

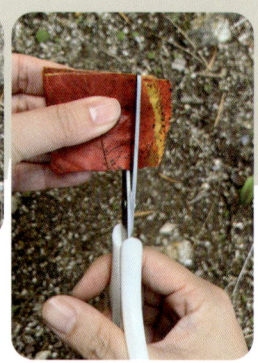

3 캔버스 전체에 양면테이프를 붙여요.

4 양면테이프의 이형지를 떼어 낸 뒤, 네모나게 자른 낙엽을 반듯하게 붙여요.

5 낙엽 조각보를 완성해요.

가을 18 단풍잎 문어 가족

단풍나무의 잎은 손바닥 모양으로 갈라져 있어요. 종류에 따라 잎의 모양도 다양해 잎이 5~7개로 갈라져 있는 단풍나무, 9~11개로 갈라져 있는 당단풍나무, 오리발처럼 생긴 중국단풍 등이 대표적이에요. 단풍잎은 색깔도 여러 가지여서 빨간색, 주황색, 노란색, 초록색 등이 있어요. 이번에는 여러 색과 모양의 단풍잎으로 문어 다리를 만들어 볼 거예요. 아주 재미있는 모양이 나온답니다.

놀이 목표　다양한 단풍잎을 탐색해요. 상상력과 창의력을 길러요.

놀이 준비　다양한 단풍잎, 상자, 가위, 풍선, 양면테이프, 눈코입 스티커, 송곳

 연계 그림책

《문어 팬티》 수지 시니어 글·그림, 천개의바람
《어마어마한 문어가 하늘에서 뚝!》 피터 벤틀리 글/스티븐 렌턴 그림, 사파리
《에밀 위대한 문어》 토미 웅거러 글·그림, 비룡소

1 상자를 원형으로 잘라요.

2 원형 안쪽에 송곳으로 구멍을 뚫어요.

3 구멍에 풍선을 끼워요.

4 풍선 입구 반대쪽을 잘라 낸 다음, 양면테이프로 붙여요.

5 양면테이프의 이형지를 떼어 낸 뒤, 단풍잎을 붙여요.

6 뒤집어서 문어의 얼굴을 눈코입 스티커로 꾸며요.

가을 19 어흥! 사자가 나타났다!

주변에서 쉽게 구할 수 있는 평범한 종이 상자는 아이들의 집이 되기도 하고 자동차, 로봇으로도 변신해요. 재질도 튼튼한 편이라 한번 만들어 놓으면 쉽게 망가지지 않죠. 오늘은 종이 상자로 가면을 만들고, 색색으로 물든 낙엽을 붙여 사자 갈기를 표현해 보세요. 종이 상자가 놀잇감이 되는 과정 그 자체로 훌륭한 경험이 되고, 가면을 쓰고 "어흥!" 하며 동화 속 사자가 되어 역할 놀이를 해도 좋답니다.

놀이 목표 여러 가지 나뭇잎을 탐색해요. 상상력과 의사 소통 능력을 길러요.

놀이 준비 낙엽, 상자, 가위, 커터칼, 양면테이프

연계 그림책

《무서운 사자》 수아현 글·그림, 시공주니어
《춤추는 사자 브라이언》
톰 틴 디스버리 글·그림, 피카주니어
《사자 자격증 따기》
존 에이지 글·그림, 보물창고

1 상자를 손거울 모양으로 잘라요.

2 동그란 테두리에 양면테이프를 붙여요.

3 양면테이프의 이형지를 떼어 내고 낙엽을 빙 둘러 붙여요.

4 사자 가면을 완성해요.

5 어흥! 사자 가면을 얼굴에 대고 역할 놀이를 해요.

방긋~ 사자는 지금 행복해요!

가을 20 가을 나비는 바스락바스락

팔랑거리며 사뿐히 내려앉는 나비는 아름다운 날개를 가지고 있어 아이들이 좋아하는 곤충 중 하나지요. 물고기의 몸이 비늘로 덮여 있다면, 나비의 날개는 '인편(鱗片)'이라는 물질로 덮여 있어요. 날개의 독특한 색과 무늬를 바로 인편이 만들어 낸답니다. 오늘은 색색의 낙엽으로 나비의 날개를 만들어 볼 거예요. 완성한 작품을 가을 숲에 놓아두면 다른 곤충들이 친구 하자고 찾아오지 않을까요?

놀이 목표 나비의 생김새에 관심을 가져요. 상상력과 창의력을 길러요.

놀이 준비 낙엽, 상자, 가위, 모양 펀치, 목공풀, 눈 스티커, 테이프

 연계 그림책

《포기가 너무 빠른 나비》
로스 뷰랙 글·그림, 위즈덤하우스

《나비》
에쿠니 가오리 글/마츠다 나나코 그림,
미디어창비

1 상자를 나비의 기다란 몸통 모양으로 자르고, 낙엽 4장을 준비해요.

낙엽을 뒤집어서 붙여 주세요.

2 나비 몸통에 낙엽 4개를 테이프로 붙여서 날개를 표현해요.

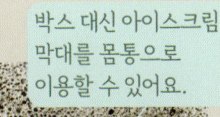

박스 대신 아이스크림 막대를 몸통으로 이용할 수 있어요.

3 뒤집은 다음, 몸통 위쪽에 눈 스티커를 붙여요.

4 낙엽을 모양 펀치로 뚫거나, 펀치 뚫으며 떨어진 조각을 날개에 붙여 꾸며요.

잎자루를 붙여서 더듬이를 만들어요.

5 바스락거리는 날개를 가진 나비가 완성되었어요.

가을 21 돌돌 말린 달팽이집

낙엽은 자연이 선물해 준 색종이랍니다. 색종이로 만들 수 있는 것들이 무궁무진하듯이 낙엽도 역시 마찬가지니까요. 낙엽도 색종이처럼 오리기, 찢기, 붙이기, 접기 등의 다양한 방법으로 놀이를 할 수 있어요. 이번에는 낙엽을 돌돌 말아 달팽이집을 만들어 보았어요. 즐겁게 낙엽을 말다 보면 아이들의 소근육도 자연스레 발달하고, 자연의 아름다운 색을 감상하며 심미감도 향상될 거랍니다.

놀이 목표   나뭇잎으로 달팽이의 특징을 표현해요. 소근육을 발달시켜요.

놀이 준비   낙엽, 양면테이프

연계 그림책

《달팽이 학교》 이정록 글/주리 그림, 바우솔
《달팽이 헨리》 카타리나 마쿠로바 글·그림, 노는날
《느릿느릿 도서관》 우지현 글·그림, 개암나무

잎자루끼리 살짝 벌어지게 해서 더듬이를 표현해요.

1 양면테이프로 낙엽 2개를 겹쳐 붙여서 몸통을 만들어요.

2 새로운 낙엽을 반으로 접어서 돌돌 말아요.

3 반으로 접은 낙엽을 덧붙이며 반복적으로 말아서 커다랗게 만든 다음, 풀리지 않도록 양면테이프로 고정해요.

4 양면테이프의 이형지를 떼어 낸 다음, 몸통에 달팽이집을 붙여서 달팽이를 완성해요.

가을 22 행복한 숲속 약국

아이들에게 약국은 친숙한 공간이에요. 병원처럼 무섭지 않아 아이들이 호기심을 갖고 관찰하는 곳이기도 해요. 병원이나 약국 놀이는 현실과 달리 누군가를 돌보는 주도적 입장이 되기 때문에 아이들이 그 공간에 가졌던 부정적 정서를 긍정적으로 바꿔 준답니다. 오늘은 자연물을 이용한 약국 놀이를 통해 아이들이 맘껏 주도적 역할을 하도록 도와주세요.

놀이 목표 약국에서 하는 일에 관심을 가져요. 문제 해결 능력을 키워요.

놀이 준비 다양한 자연물, 약병, 약포지, 약주걱, 약 봉투, 실링기
절구와 절굿공이, 숟가락, 다양한 인형, 약국 놀이 도안

연계 그림책

《숲속 약국 놀이》
박정완 글·그림, 시공주니어

《엄마 약》
미라 글, 키큰나무 그림, 키즈엠

가을 열매나 간식(젤리, 사탕, 초콜릿 등)으로 약국 놀이를 해도 좋아요.

1 약으로 사용할 자연물을 채집해요.

2 약국 놀이에 필요한 물건들을 놓고 놀이를 시작해요.

어디가 아프신가요?

눈병이 났어요.

하루에 두 번 넣으세요.

3 꽃을 절구에 찧고 물을 담은 약병에 넣어서 안약을 만들어요.

4 약주걱에 올린 꽃을 약포지에 넣어서 실링기로 밀봉해요.

가을 23 쫑긋 귀 은행잎 여우

숲에서 만날 수 있는 모든 것들은 모두가 다 훌륭한 장난감이에요. 그중에서도 노란 빛을 뽐내는 부채 모양의 은행잎으로 무엇을 만들 수 있을지 아이들과 얘기를 나눠 봤어요. 이번에는 여우를 만들어 보려고 해요. 쫑긋 서 있는 삼각형 귀와 뾰족한 역삼각형 턱이 매력적인 여우를 어떻게 만들 수 있을까요? 또 다른 모양의 나뭇잎으로는 여우를 표현할 수 없을까요? 곰곰이 생각해 보세요!

놀이 목표 여우의 특징을 은행잎으로 표현해요. 상상력과 창의력을 길러요.

놀이 준비 은행잎, 가위, 눈 스티커

 연계 그림책

《꼬마 여우의 사계절》
니콜라 구니 글·그림, 여유당

《꼬마 여우》
니콜라 구니 글·그림, 여유당

1 은행잎의 양옆을 와인잔 모양으로 잘라요.

2 양옆을 귀 모양으로 잘라요.

3 잎자루를 앞으로 내려 접으며 아래쪽 잎몸에 구멍을 뚫어 끼워요.

4 잎자루가 보이지 않을 때까지 살살 잡아당겨요.

5 눈 스티커로 얼굴을 꾸며서 완성해요.

6 다른 나뭇잎으로도 여우를 만들어 보세요.

가을 24 거꾸로 매달린 낙엽 박쥐

동굴이나 나무에 거꾸로 매달려 잠까지 자는 동물이 있어요. 바로 박쥐죠. 박쥐에게 거꾸로 매달리기는 두 발로 서 있는 것보다 쉬운 일이랍니다. 박쥐는 잘 날기 위해서 다리 근육이 퇴화했어요. 그래서 제대로 서 있지 못해 거꾸로 매달리는 방법을 택하게 되었답니다. 낙엽으로 박쥐를 만들며, 박쥐가 왜 거꾸로 매달리게 되었는지 아이들과 이야기 나눠 보세요. 아이들 눈이 호기심으로 초롱초롱 빛날 거예요.

놀이 목표 박쥐의 특징을 이해해요. 관찰력과 집중력을 길러요.

놀이 준비 낙엽, 가위, 눈 스티커, 양면테이프

 연계 그림책

《어둠을 무서워하는 꼬마 박쥐》
G.바게너 글/E. 우르베루아가 그림, 비룡소

1 낙엽을 반으로 접어 박쥐의 귀 모양으로 잘라요.

2 낙엽을 다시 펼쳐요.

3 잎자루를 앞으로 내려 접어서 머리를 만들어요.

4 튀어나온 잎자루를 잘라 낸 다음, 양면테이프로 머리를 고정해요.

나뭇가지에 양면테이프로 박쥐를 매달아 보세요.

5 눈 스티커를 붙여서 낙엽 박쥐를 완성해요.

가을 25 히잉히잉~ 낙엽 당나귀

숲에서 놀 때 아이들이 한곳에서 가만히 논다는 건 거의 불가능하답니다. 숲에는 아이들의 호기심을 끌 자연물이 무궁무진하니까요. 아이들은 온 숲을 누비며 곤충부터 나무, 풀, 꽃, 발에 채이는 돌멩이 하나까지 그냥 넘어가는 것 없이 만지고, 냄새 맡고, 관찰해요. 그러면서 오감과 대근육, 소근육이 쑥쑥 발달하지요. 오늘은 낙엽으로 당나귀를 만들 거예요. 저절로 흐뭇한 미소가 지어질 거랍니다.

놀이 목표 낙엽을 탐색해요. 관찰력과 창의력을 길러요.

놀이 준비 낙엽과 솔잎, 가위, 눈코입 스티커, 양면테이프

 연계 그림책

《내 이름은 제동크》
한지아 글·그림, 바우솔

1 낙엽의 양옆을 당나귀 귀 모양으로 잘라요.

2 잎자루를 뒤로 접어서 양면테이프로 고정해요.

3 아래를 뒤로 접어서 붙여요.

4 양옆을 뒤로 접어 붙여서 갸름한 얼굴을 만들어요.

5 솔잎 여러 개를 꽂아서 수염을 표현해요.

6 눈코입 스티커로 당나귀 얼굴을 꾸며서 완성해요.

7 나뭇가지에 줄줄이 꽂아서 당나귀 가족을 만들어 보세요.

가을 26 솔잎 깐 종이 송편

추석의 대표 음식인 송편은 멥쌀가루를 반죽해 깨나 콩 등을 넣은 반달 모양 떡이에요. 반죽 아래에 솔잎을 깔고 쪄서 원래는 '소나무 송(松)'에 '떡 병(餠)' 자를 써 '송병'으로 불렀대요. 솔잎을 깔아서 찌면 피톤치드 덕분에 부패가 늦어지고 소나무 향이 저절로 배어 더욱 맛있어진다고 해요. 우리는 종이로 반죽을 대신하고 자연물로 속을 채운 송편을 만들 거예요. 물론 솔잎도 깔아야겠지요?

놀이 목표 우리나라 세시 풍속에 관심을 가져요. 송편 이름의 유래를 알아요.

놀이 준비 솔잎과 다양한 자연물, 가위, 양면테이프, 송편 놀이 도안

 연계 그림책

《마씨 할머니의 달꿀 송편》
권민조 글·그림, 호랑이꿈

《달 항아리》
수북 글·그림, 창조와지식

1 도안을 오린 후 접어 쟁반을 만들어요.

솔잎의 상큼한 향기를 맡아 봐!

2 채집한 솔잎을 쟁반에 올려요.

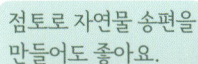
점토로 자연물 송편을 만들어도 좋아요.

3 송편 도안 안쪽에 양면테이프를 붙이고 자연물을 올려요.

4 반으로 접어 붙여서 송편을 만들어요.

5 여러 개 만들어서 솔잎 쟁반 위에 올려요.

6 자연물로 송편 쟁반을 꾸며서 완성해요.

가을 27 가을 열매 노리개

노리개는 한복의 저고리 고름이나 치마허리에 다는 장신구예요. 사각형, 원형, 나비 모양 등으로 조각된 보석에 화려한 매듭을 달고, 그 아래로 명주실을 길게 늘어뜨려 만들어요. 단아한 선을 자랑하는 한복에 화려한 색감의 노리개를 더하면 옷맵시가 더욱 돋보인답니다. 옛사람들에게 단연 인기 있는 장신구였지요. 아이들과 함께 가을에 나는 열매와 씨앗으로 노리개를 만들어 보는 건 어떨까요?

놀이 목표 우리나라 전통 장신구에 관심을 가져요.
창의성과 표현력을 길러요.

놀이 준비 다양한 자연물, 색깔 종이컵, 가위, 목공풀, 노리개 도안

연계 그림책

《빨간 조끼 여우의 장신구 가게》
김미혜 글/김혜원 그림, 사계절

《이렇게 고운 댕기를 보았소?》
강효미 글/나수은 그림, 미래엔아이세움

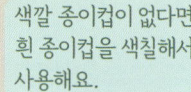
색깔 종이컵이 없다면 흰 종이컵을 색칠해서 사용해요.

1 색깔 종이컵의 옆면을 잘라서 펼쳐요.

저는 꽃 모양으로 할래요.

2 종이컵의 갈래를 원하는 모양으로 다듬어요.

3 종이컵 바닥에 목공풀을 칠한 다음, 자연물을 붙여요.

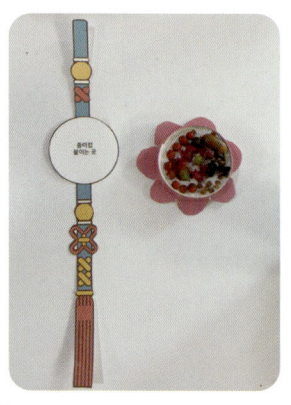

4 노리개 도안을 오려서 준비해요.

5 노리개 위에 종이컵을 붙여서 완성해요.

가을 28 달아, 소원을 들어줘

누구나 한 번쯤은 둥근 달을 보고 소원을 빌어 본 경험이 있을 거예요. 특히 음력 8월 15일 추석 보름달을 보며 소원을 비는 것은 우리의 풍속이기도 해요. 이것을 '달맞이'라고 하는데, 마을 뒷산이나 들에 나가 달을 맞이하며 소원 비는 것을 말한답니다. 추석 무렵, 노란 낙엽을 보니 우리를 환하게 비추는 보름달이 떠올랐어요. 아이와 함께 노란 낙엽으로 보름달을 만들어 소원을 빌어 보는 건 어떨까요?

놀이 목표 우리나라 세시 풍속에 관심을 가져요.
    달의 모양 변화에 관심을 가져요.

놀이 준비 노란색 낙엽, OHP 필름, 양면테이프, 가위, 펀치, 카드 고리
    보름달 도안

연계 그림책

《다음 보름달 밤에 만나》
노무라 우코 글·그림, 웅진주니어

《보름달 파티》
카밀라 핀토나토 글·그림, 보림

1 원형 도안은 종이에, 토끼 도안은 OHP 필름에 뽑아요.

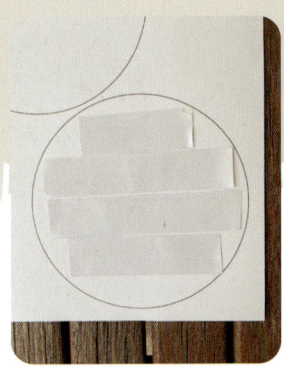

2 원형 도안에 양면테이프를 붙여요.

3 원형 도안을 동그랗게 잘라요.

보름달을 닮은 색을 붙여 보자!

4 양면테이프의 이형지를 떼어 낸 후, 노란 낙엽을 붙여요.

5 원형 밖으로 튀어나온 낙엽을 잘라 내요.

낙엽 뒷면에 인사말을 적어 추석 카드로 활용할 수 있어요.

6 토끼 도안도 동그랗게 자르고 겹쳐서 구멍을 뚫은 다음, 카드 고리를 채워서 완성해요.

가을 29 달콤 꿈 드림캐처

아메리카 원주민들은 악몽을 거르고 좋은 꿈만 꾸게 하는 '드림캐처'를 만들어 잠자리에 걸어 두었어요. 원형 틀에 실을 엮어 거미줄처럼 만들고 보석을 가운데 달아, 아래로 구슬과 깃털을 매달면 드림캐처가 돼요. 어둠과 악몽이 무서워 잠들지 못하는 아이들에겐 드림캐처 만들기를 추천해요. 우리 아이는 깃털 대신 낙엽으로 드림캐처를 만들고 달콤한 꿈나라 여행에 나섰답니다.

놀이 목표 다른 나라 풍속에 관심을 가져요. 소근육을 발달시켜요.

놀이 준비 낙엽, 종이 접시, 안전 바늘, 털실, 구슬, 커터칼, 펀치, 테이프, 목공풀

 연계 그림책

《좋은 꿈을 꾸고 싶어》
피터 뎀프 글/가브리엘레 달 라고 그림, 시금치

 안전 바늘도 위험할 수 있으니 어른이 곁에서 지켜봐야 해요.

1 종이 접시 안쪽을 동그랗게 잘라 내고, 주변을 펀치로 구멍을 뚫어요.

2 안전 바늘에 털실을 끼워 자유롭게 실을 엮어요.

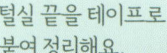 털실 끝을 테이프로 붙여 정리해요.

3 접시 가장자리에 구멍을 뚫어 털실을 묶고, 구슬과 낙엽으로 장식해요.

4 접시 테두리에 목공풀로 낙엽을 붙여 꾸며요.

5 털실로 걸이를 만들어 원하는 장소에 붙여요.

가을 30 가을 느낌 리스

우리나라에는 음력 정월 초하루에 복조리를 집에 걸어 두는 풍습이 있어요. 조리는 쌀을 일어 불순물을 걸러 내는 도구인데, 복조리는 복을 일어 얻는다고 생각한 거랍니다. 서양에서도 비슷한 의미로 동그란 리스를 문 앞에 걸어 놓았어요. 리스를 통해 행운이 들어온다고 생각한 거죠. 인테리어 소품으로도 많이 쓰이는 리스를 가을 낙엽과 솔방울, 열매들로 감성 있게 만들어 볼까요?

놀이 목표 우리나라와 다른 나라 풍속에 관심을 가져요. 관찰력과 집중력을 길러요.

놀이 준비 `공통` 낙엽과 다양한 자연물, 양면테이프
`놀이1` 넝쿨 리스틀, 리본, 목공풀 `놀이2` 수틀

연계 그림책
《모드락숲의 선물》
이보경 글·그림, 키위북스

놀이1 넝쿨로 만들기

1 넝쿨 리스틀에 리본을 묶어 장식하고, 양면테이프를 붙여요.

리본이 없으면 생략 가능해요.

2 양면테이프의 이형지를 떼어 내고, 낙엽을 붙여요.

3 솔방울과 가을 열매들을 붙여서 리스를 완성해요.

놀이2 수틀로 만들기

수틀에 양면테이프로 낙엽을 붙여서 리스를 완성해요.

가을 31 나뭇잎 아티스트

나뭇잎은 언뜻 보기에 같아 보여도 자세히 보면 다 달라요. 일정한 패턴으로 작품을 만들려면 나뭇잎 모양으로 구멍을 뚫을 수 있는 펀치를 사용해 보세요. 실제론 볼 수 없는 작고 귀여운 나뭇잎들이 만들어져요. 같은 모양이면서도 색과 무늬는 또 다르기 때문에 캔버스나 도화지에 붙이면 새롭고 특별한 작품을 만들 수 있답니다. 펀치로 뚫고 난 나뭇잎은 끈으로 길게 이어 갈런드를 만들어도 좋아요!

놀이 목표 낙엽을 탐색하며 계절감을 익혀요. 자신감과 성취감을 얻어요.

놀이 준비 `공통` 낙엽, 나뭇잎 모양 펀치
`놀이1~2` 나뭇가지, 가을 열매, 캔버스(또는 스케치북), 목공풀 `놀이3` 마끈
`놀이4` 돋보기

연계 그림책

《바스락바스락, 가을이에요!》
엘런 델랑어 글/안나 린드스텐 그림, 키즈엠

《바스락 친구》
정호선 글·그림, 한솔수북

《색깔이 궁금해》
노정임 글/안경자 그림, 웃는돌고래

`놀이1` 나뭇잎 패턴

1 낙엽을 나뭇잎 모양 펀치로 뚫어요.

나뭇잎 무지개를 만들고 있어요.

2 캔버스에 낙엽 조각을 목공풀로 붙여서 패턴을 만들어요.

나뭇잎은 왜 떨어지는 것일까요?

가을이 되면 햇빛이 부족해 나뭇잎이 광합성을 점차 할 수 없게 되고, 건조해진 공기에 수분도 빼앗겨요. 나무가 추운 겨울에 살아남으려면 나뭇잎을 통해 빠져나가는 양분과 수분을 지켜야 해요. 그래서 나뭇잎을 떨구는 것이랍니다.

3 패턴이 완성되었어요.

4 다양한 패턴을 만들 수 있어요.

놀이2 캔버스에 자란 나무

1 나뭇가지를 캔버스에 고정해요.
2 나뭇잎 모양 펀치로 만든 낙엽 조각을 그 위에 붙여요.
3 다양한 모양으로 만들어 보세요.
4 가을 열매를 올려도 좋아요.

놀이3 낙엽 갈런드

1 모양 펀치를 이용해 낙엽에 구멍을 뚫어요.
2 구멍에 마끈을 끼워서 갈런드를 만들어요.

놀이4 돋보기로 새긴 이름

주변에 불이 번지지 않게 주의해 주세요.

1 돋보기를 낙엽에 대고 빛을 모아요.
2 돋보기를 조금씩 움직여서 이름을 써요.
3 낙엽을 모아 꽃을 만들고, 이름 새긴 낙엽을 잎으로 놓아 보세요.

가을 32 개성 만점 낙엽 우산

같은 나무에서 자란 나뭇잎이라도 크기와 모양, 색깔이 모두 달라요. 우리 아이들이 형제자매 사이여도 성격, 생김새, 식성까지 모두 다른 것과 같아요. 이렇듯 각자 개성 있게 생긴 낙엽들은 아이들의 오감과 호기심을 자극하는 훌륭한 놀잇감이 된답니다. 오늘은 색색의 낙엽들로 우산을 꾸며 보려고 해요. 아이들은 놀이를 통해 낙엽의 미세한 차이를 경험하며 다채로운 자연의 신비를 이해하게 된답니다.

놀이 목표 낙엽의 크기와 모양, 색깔에 관심을 가져요. 시각적 변별력을 길러요.

놀이 준비 낙엽, 투명 비닐우산, 양면테이프, 가위

연계 그림책
《안녕, 가을》 케나드 박 글·그림, 국민서관
《아빠, 나한테 물어봐》 버나드 와버 글/이수지 그림, 비룡소

1 우산 꼭지 주변으로 양면테이프를 사각형으로 붙여요.

2 양면테이프의 이형지를 떼어 내고 낙엽을 붙여요.

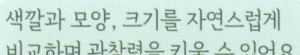
색깔과 모양, 크기를 자연스럽게 비교하며 관찰력을 키울 수 있어요.

3 계속해서 우산 꼭지 바깥으로 낙엽을 붙여 가요.

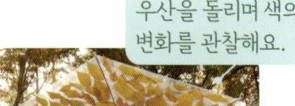
우산을 돌리며 색의 변화를 관찰해요.

4 빙글빙글 낙엽 우산을 돌리고, 우산 속에서 소꿉놀이하며 다양하게 놀아 보세요.

가을 33 치익치익, 낙엽 꼬치

자연은 언제나 아이들에게 가장 좋은 놀이터예요. 멀리 캠핑을 떠나지 않아도 모닥불에 꼬치를 구워 먹을 방법은 이미 자연에 있답니다. 아이들의 상상 속에선 나뭇가지에 끼운 노란색 나뭇잎이 바나나 꼬치가 되고, 빨간 단풍잎과 솔방울은 활활 타오르는 모닥불로 변신하니까요. 지금 바로 집을 나서 보세요. 준비물 하나 없어도 낙엽 꼬치 놀이로 가을날 즐거운 추억을 만들 수 있답니다.

놀이 목표 자연물의 특징에 관심을 가져요. 상상력과 어휘력을 길러요.

놀이 준비 낙엽, 솔방울, 나뭇가지 플러스 놀이 캠핑놀이 도안

연계 그림책

《우리 가족 캠핑 여행》
백은희 글·그림, 비룡소

이건 어떤 맛이 나는 꼬치야?

1 나뭇가지에 낙엽들을 하나씩 끼워 낙엽 꼬치를 만들어요.

2 나뭇가지와 솔방울을 쌓고, 단풍잎을 올려 활활 타오르는 모닥불을 표현해요.

3 치익치익~ 낙엽 꼬치를 구우며 놀이해요.

플러스 놀이

캠핑 놀이 도안으로 놀이를 확장해 보세요.

가을 34 가을 숲에 사는 요정

동화에 나오는 요정은 아이들에게 인기 있는 캐릭터지요. 얼굴은 사람을 닮았지만, 날개로 하늘을 날기도 하고 요정 지팡이를 들고 마법을 부리기도 해요. 요정의 마법처럼 알록달록 색을 바꾼 나뭇잎을 보며 아이에게 얘기해 보세요. "가을 숲에는 낙엽 요정이 살고 있대. 낙엽 요정은 어떻게 생겼을까?" 그때부터 아이들의 눈은 반짝반짝 빛날 거예요. 우리 아이의 상상 속 낙엽 요정은 어떤 모습일까요?

놀이 목표 요정 옷을 창의적으로 표현해요. 상상력과 어휘력을 길러요.

놀이 준비 낙엽과 나뭇가지, 가위, 목공풀 또는 양면테이프, 요정 도안

 연계 그림책

《소곤소곤 숲속 표본실》
다나카 아유코 글·그림, 생각의집

《숲속의 숨바꼭질》
수에요시 아키코 글/하야시 아키코 그림, 한림출판사

1 낙엽과 인형 도안을 준비해요.

> 도안 대신 아이 사진을 이용해도 좋아요.

2 낙엽을 얼굴에 잘라 붙여서 모자와 몸통을 표현해요.

> 몸통 부분을 더 크게 잘라요.

3 팔과 다리를 자유롭게 붙여요.

4 나뭇가지에 요정을 붙여서 요정 인형을 완성해요.

5 마찬가지 방법으로 망토를 입은 요정 인형을 만들어요.

> 낙엽을 리본 모양으로 오려서 붙여요.

가을 35 낙엽으로 쓰는 이름

유아기는 글을 읽고 이해하는 능력인 '문해력'의 기초를 튼튼하게 만들어야 하는 시기예요. 글자에 관심이 없거나, 쓰기를 힘들어하는 아이들이 글자를 즐겁게 익힐 방법은 바로 놀이를 통해 글자를 접하는 것이랍니다. 공원이나 숲으로 나아가 다양한 자연물을 이용하면 더 이상 좋을 수가 없지요. 특히 자기 이름은 글자에 대한 호기심과 동기를 자극하기에 좋은 주제랍니다.

놀이 목표 글자에 관심을 가져요. 이름을 시각적으로 인식해요.

놀이 준비 낙엽, 바구니

연계 그림책

《숨바꼭질 ㄱㄴㄷ》 김재영 글·그림, 현북스
《생각하는 ㄱㄴㄷ》
이보나 흐미엘레프스카 글·그림, 논장
《어서오세요! ㄱㄴㄷ뷔페》
최경식 글·그림, 위즈덤하우스

1 색색의 낙엽을 바구니에 모아요.

2 낙엽을 연결해 이름을 만들어요.

나뭇가지나 열매를 함께 이용해도 좋아요.

또 어떤 글자를 만들어 볼까?

3 낙엽으로 이름을 썼어요.

4 이름 말고도 다양한 글자를 표현해 보세요.

가을 36 뿌셔뿌셔 낙엽 모자이크

여러 가지 조각들을 모아 하나의 작품을 만드는 것을 모자이크라고 해요. 돌, 유리, 금속, 조개껍데기, 타일 등 다양한 재료를 모자이크에 사용한답니다. 마른 낙엽으로도 가능해요. 아이와 함께 낙엽을 찢고, 뜯고, 비벼서 작은 조각으로 만들어 보세요. 어떤 소리가 나고, 어떤 느낌이 드는지 함께 탐색해도 좋아요. 스트레스가 해소되고, 색다른 즐거움도 안겨 줄 거랍니다.

놀이 목표 모자이크 기법을 경험해요. 소근육과 집중력을 발달시켜요.

놀이 준비 마른 낙엽, 두꺼운 도화지, 그리기 도구, 목공풀, 위생팩

 연계 그림책

《낙엽 스낵》 백유연 글·그림, 웅진주니어
《바스락바스락, 가을이에요!》
엘런 델랑어 글/안나 린드스텐 그림, 키즈엠

뿌셔뿌셔 놀이를 해 볼까?

1 위생팩에 마른 낙엽을 넣고 비비며 잘게 부숴요.

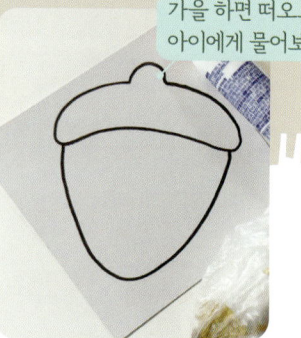

가을 하면 떠오르는 것을 아이에게 물어보세요.

2 두꺼운 도화지에 도토리를 그려요.

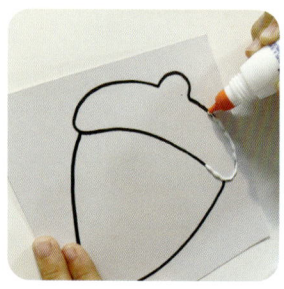

3 목공풀로 밑그림을 따라 그려요.

4 낙엽 조각들을 그림 위에 뿌린 다음, 목공풀에 잘 달라붙도록 살살 흔들어 주세요.

5 목공풀에 붙지 않은 나뭇잎들을 털어 내고 낙엽 모자이크를 완성해요.

6 그림 안쪽까지 모두 채워서도 만들 수 있어요.

가을 37 가을 숲 작은 동물원

동물원에는 아이들이 좋아하는 사자, 코끼리, 기린 등 우리가 평소에 볼 수 없는 특별한 동물들이 있어요. 책에서만 보던 동물들의 생태와 습성을 배우고 체험하면서 동물과 교감하고, 자연 보호의 필요성도 알게 되는 공간이지요. 알록달록 물든 나뭇잎을 이용해 아이만의 동물원을 만들어 보세요. 고슴도치의 가시, 사자의 갈기, 공작새의 깃털을 표현하다 보면 동물을 사랑하는 마음이 저절로 싹틀 거예요.

놀이 목표 여러 가지 동물의 특징을 표현해요. 심미감과 조형 능력을 길러요.

놀이 준비 낙엽, 목공풀, 나무판, 마끈, 낙엽 놀이 동물 스티커(헬로숲 스마트 스토어)

 연계 그림책

《우리 집은 동물원에 있어요》
실비아 반덴 히데 글/피터르 하우데사보스 그림, 해와나무

《똑똑한 동물원》
조엘 졸리베 글·그림, 바람의아이들

토끼의 기다란 귀를 만들래요.

동물 스티커가 없으면, 색종이로 모양을 오려서 목공풀이나 양면테이프로 붙여요.

1 만들고 싶은 동물을 고른 다음, 낙엽으로 동물의 특징을 표현해요.

2 동물 스티커를 낙엽 위에 붙여 동물을 완성해요.

3 다른 동물들도 표현해 보세요.

4 나무판에 동물들을 모아서 나뭇잎 동물원을 만들어 보세요.

가을 38 가을 숲 애프터눈 티타임

전통적으로 영국인들은 오후 4~5시경, 3단 트레이에 담긴 샌드위치, 스콘, 케이크 등의 디저트와 함께 홍차를 마시며 이야기를 나누곤 해요. 이것을 '애프터눈 티타임'이라 불러요. 이때는 주로 친해지고 싶은 사람을 초대한대요. 열매가 풍성한 가을 숲에서 아이들과 함께 애프터눈 티타임을 가져 보세요. 누구를 초대할지, 어떤 음식들을 준비하고, 어떤 차를 대접할지 함께 수다를 떨어도 좋을 것 같아요.

놀이 목표 다른 나라 풍속에 관심을 가져요. 사회성과 언어 능력을 길러요.

놀이 준비 다양한 자연물, 찻잔 세트, 공 티백, 머핀 컵, 모종삽, 디저트 트레이

연계 그림책

《소꿉놀이가 끝나면》
황선미 글/김동성 그림, 사계절

1 공 티백에 다양한 자연물을 넣어요.

2 티백 끈으로 입구를 묶어서 자연물 차를 만들어요.

3 찻잔에 자연물 차를 담아내요.

주변에 흙이 없다면 찰흙이나 점토를 활용해도 좋아요.

4 머핀 컵에 모종삽으로 흙을 담아요.

5 다양한 자연물을 올려 자연물 디저트를 만들어요.

6 디저트 트레이에 올리고, 소꿉놀이를 해요.

가을 39 가을 열매 달팽이집

가을은 다양한 열매들을 풍성하게 만날 수 있는 계절이에요. 산책길에서 쉽게 볼 수 있는 식물들도 가을이 되면 어느새 색깔과 모양, 크기가 제각각인 열매들을 뽐내고 있답니다. 이런 열매들은 아이들의 상상력과 창의력을 자극하는 미술 재료가 될 수 있어요. 이번엔 가을 열매들이 달팽이집으로 변신했어요. 내가 달팽이라면 어떤 집을 갖고 싶은지 아이와 이야기 나누며 함께 만들어 보는 건 어떨까요?

놀이 목표 열매의 생김새와 특징에 관심을 가져요. 창의성과 표현력을 길러요.

놀이 준비 다양한 가을 열매와 자연물, 점토, 접착 눈알

 연계 그림책

《알밤 소풍》 김지안 글·그림, 재능교육
《세상에서 가장 큰 집》 레오 리오니 글·그림, 시공주니어
《달팽이 찰리에겐 새집이 필요해!》 도리스 렉허 글·그림, 한울림어린이

1 가을 열매를 준비해요.

한쪽을 구부려서 머리를 올린 형태를 표현해요.

2 점토로 달팽이 몸통을 만들어요.

3 몸통에 가을 열매를 올려 달팽이집을 표현해요.

접착 눈알 대신 눈 스티커를 이용할 수 있어요.

4 접착 눈알을 붙이고, 머리에 자연물을 꽂아 더듬이도 만들어요.

5 다른 열매로도 달팽이를 만들어 보세요.

가을 40 **입맛 도는 가을 밥상**

가을은 하늘이 높고 말이 살찌는 천고마비의 계절이라고 하죠. 날씨가 좋고 곡식과 과일이 무르익는 계절이니, 가을 밥상에는 우리 아이들 식욕을 돋우는 음식들도 많답니다. 오늘은 아이들과 숲을 산책하며 주운 자연물들로 가을 밥상을 차려 봤어요. 도토리깍정이는 그릇이, 밤 쭉정이는 숟가락이, 나뭇가지는 젓가락이, 커다란 나뭇잎은 쟁반이 되는 마술을 경험해 볼 수 있답니다.

놀이 목표 가을 자연물에 관심을 가져요. 언어와 사회성을 발달시켜요.
놀이 준비 다양한 자연물, 가위, 송곳, 그릇

 연계 그림책
《들꽃 식혜》 백유연 글·그림, 웅진주니어
《울긋불긋 가을 밥상을 차려요》
김영혜 글·그림, 시공주니어

준비 도토리깍정이 숟가락

1 도토리깍정이에 송곳으로 구멍을 뚫어요.

2 구멍에 나뭇가지를 끼워요.

3 도토리깍정이 숟가락을 완성해요.

 **준비**
밤 쭉정이 숟가락

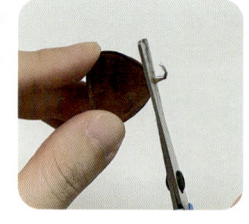
1 밤 쭉정이의 뾰족한 끝을 가위로 잘라요.

2 잘린 구멍 사이로 나뭇가지를 끼워요.

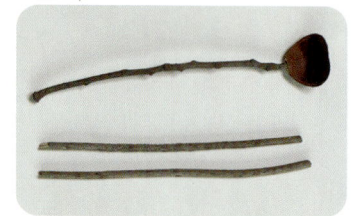
3 나뭇가지로 젓가락까지 만들면 밤 쭉정이 숟가락 세트가 완성돼요.

놀이
자연물 밥상 차리기

1 다양한 자연물을 채집해요.

2 도토리깍정이를 그릇 삼아 자연물을 담아요.

3 맛있는 자연물 밥상이 완성되었어요.

가을 밥상에 어떤 반찬들이 있니?

4 나뭇잎을 쟁반처럼 깔고 자연물 숟가락까지 놓으면 더 근사해요!

가을 41 피슈우웅, 도토리 로켓

우주는 아직 밝혀진 것이 많지 않은 미지의 세계지요. 그만큼 가능성이 무궁무진한 세계이기도 해요. 우리 아이들은 마음껏 상상을 넓힐 수 있는 우주를 좋아하고 우주 여행을 꿈꾸게 하는 로켓에도 관심이 많아요. 우주 공간이 아닌 가을 숲에서 로켓을 발사해 본다면 어떨까요? 바로 도토리와 비닐을 이용하는 거예요. 아주 간단한 재료로 로켓을 만들 수 있다니 아이들이 정말 신나겠지요?

놀이 목표 로켓에 관해 관심을 가져요. 대근육을 발달시켜요.

놀이 준비 도토리, 위생팩, 가위, 테이프

 연계 그림책

《토리의 특별한 모험》
이현정 글·그림, 걸음동무

1 위생팩은 윗부분을 조금 남기고 1cm 정도 간격으로 잘라요.

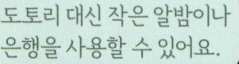
도토리 대신 작은 알밤이나 은행을 사용할 수 있어요.

2 도토리를 위생팩의 잘리지 않은 위쪽 가장자리의 안쪽에 넣어요.

3 그대로 위생팩을 돌돌 말아요.

4 끝까지 만 다음, 테이프로 붙여서 도토리 로켓을 완성해요.

멀리 던지거나 과녁에 맞히는 등 대결할 수 있어요.

5 도토리 로켓을 던지며 놀이해요.

가을 42 도토리 모자 가게

참나무는 어느 한 종의 나무가 아니라 참나뭇과의 상수리나무, 굴참나무, 떡갈나무, 졸참나무 등을 통틀어 이르는 말이에요. 참나무에서 나는 열매는 모두 도토리라 부른답니다. 참나무마다 도토리를 감싸고 있는 받침인 깍정이 모양도 모두 다르다고 해요. 어떤 것은 털이 있고, 어떤 것은 빵모자처럼 생겼어요. 도토리깍정이로 예쁜 모자를 만들어, 도토리 모자 가게 놀이를 해 보는 건 어떨까요?

놀이 목표 도토리깍정이 생김새에 관심을 가져요. 창의성과 미적 감각을 길러요.

놀이 준비 다양한 도토리깍정이와 도토리, 자연물
꾸미기 재료(폼폼, 스팽글, 리본 등), 눈 스티커
목공풀, 상자, 거울, 도토리 가게 도안

연계 그림책

《도토리 마을의 모자 가게》
나타야 미와 글·그림, 웅진주니어

1 도토리깍정이에 다양한 꾸미기 재료와 자연물을 붙여 모자를 만들어요.

2 도안으로 선반을 만들고 도토리 모자를 진열해요.

3 재활용 상자 안에 간판을 붙이고 작은 거울을 놓아 가게를 꾸며요.

4 도토리에 눈 스티커를 붙여 얼굴을 만들어요.

5 도토리에 모자를 씌우며 모자 가게 놀이를 해요.

가을 43 동글동글 도토리 인형

아이들은 각종 스티커를 떼었다 붙였다 반복하면서도 굉장히 흥미로워해요. 아이들 머릿속에선 상상의 나래가 수없이 펼쳐지고 있기 때문이죠. 특히 여러 표정이 담긴 스티커는 아이들의 공감 능력, 창의력, 상상력을 키우는 데 도움이 된다고 해요. 점토에 도토리깍정이를 씌우고 눈, 코, 입 모양의 스티커를 붙여 봤어요. 다양한 감정이 표현된 인형들로 이야기를 만들고 표정에 맞는 이름도 지어 보세요.

놀이 목표 도토리깍정이 생김새에 관심을 가져요. 다양한 감정을 표현해요.

놀이 준비 도토리깍정이, 점토, 눈코입 스티커 `플러스 놀이` 미니어처 인형

 연계 그림책
《도토리 모자》 임시은 글·그림, 북극곰

점토 대신 폼폼이나 구슬을 활용할 수 있어요.

1 점토를 동글동글 굴려 도토리 모양을 만들어요.

2 둥글게 빚은 점토에 도토리깍정이를 씌워요.

3 눈코입 스티커를 붙여 얼굴을 표현해요.

4 다양한 표정의 도토리 인형에 이름을 지어 주고, 인형 놀이를 해요.

`플러스 놀이`

공룡 등 작은 미니어처 인형에 도토리깍정이를 모자로 씌워 보세요.

가을 44 팽이의 시초 도토리 팽이

팽이는 오래전부터 여러 나라에서 아이들의 놀잇감으로 인기가 많아요. 그만큼 종류도 많고 놀이 방법도 다양하지요. 우리나라에서는 도토리를 재미 삼아 돌리는 데서 팽이가 시작됐다고 해요. 아이들은 팽이를 돌리며 무게중심, 원심력, 회전력 등의 과학적 원리를 경험한답니다. 가을 숲 산책길에서 혹시 도토리를 발견한다면 아이와 팽이 놀이를 해 보는 건 어떨까요? 누가 더 오래 돌릴지 궁금하지 않나요?

놀이 목표   도토리의 생김새와 특징을 탐색해요. 팽이의 과학적 원리를 경험해요.

놀이 준비   공통 도토리, 이쑤시개   놀이1 송곳, 가위
놀이2 도토리깍정이, 점토, 목공풀, 유성 매직

연계 그림책

《가을 숲 도토리 소리》
우종영 글/하영 그림, 파란자전거

《돌아라! 팽이야》
임서하 글/유명금 그림, 키큰도토리

놀이1 도토리 팽이

송곳이 위험하니 어른들의 도움이 필요해요.

1 도토리에 송곳으로 구멍을 뚫어요.

2 적당한 길이로 자른 이쑤시개를 구멍에 꽂아 도토리 팽이를 완성해요.

놀이2 도토리깍정이 팽이

1 도토리깍정이 안에 목공풀을 발라요.

이쑤시개에 목공풀을 발라서 꽂으면 잘 고정돼요.

2 점토를 깍정이 안에 채우고 이쑤시개를 꽂아요.

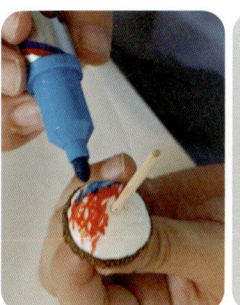 

3 점토가 마르면 유성 매직으로 꾸며서 도토리깍정이 팽이를 완성해요.

가을 45 도토리 마리오네트

어느 날 음식 배달 상자를 유심히 보던 아이가 이렇게 말했어요. "엄마, 이 상자는 꼭 인형 극장 같아요. 우리도 줄을 연결해서 움직이는 인형을 만들어 볼까요?" 아이는 TV에서 보았던 마리오네트가 인상 깊었나 봐요. 인형은 도토리와 호두 껍데기를 이용해 만들기로 했어요. 배달 상자는 작은 무대가 되었지요. 그날 아이는 도토리 마리오네트 인형을 움직이며 꼬마 예술가로 변신했답니다.

놀이 목표 언어 표현력을 길러요. 상상력과 창의성을 발달시켜요.

놀이 준비 다양한 자연물, 마끈, 실, 나무젓가락, 상자, 글루건, 접착 눈알

 연계 그림책

《장산범과 도토리》
최정은 글/전민걸 그림, 다림

《다람쥐 로로》
송선옥 글·그림, 한림출판사

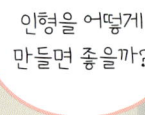 인형을 어떻게 만들면 좋을까?

1 다양한 자연물을 준비해요.

2 도토리에 접착 눈알을 붙여 인형의 얼굴을 만들어요.

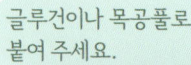 글루건이나 목공풀로 붙여 주세요.

3 호두는 몸통, 마끈은 팔다리와 목, 나뭇조각과 도토리깍정이는 손발로 표현해서 마리오네트 인형을 만들어요.

4 나무젓가락을 실로 묶어 조종대를 만들고, 마리오네트 인형의 손목과 머리에 연결해요.

5 조종대로 마리오네트 인형을 세워 보아요.

상자 앞면과 윗면을 뚫고, 위쪽에는 조종대를 걸칠 수 있도록 홈을 내요.

6 상자에 마리오네트 인형을 넣고 움직이며 놀아요.

가을 46 도토리 손가락 인형

아이들은 손가락에 인형을 끼워 놀이하는 것을 좋아해요. 손을 넣어 움직이는 그림책들부터 여러 모양의 손가락 인형까지 아이들에게 인기 만점이지요. 오늘 소개할 손가락 인형은 그 모든 것들을 제칠 만큼 특별해요. 아이들 손가락 하나하나에 표정을 그리고 도토리깍정이를 씌우면 세상에 둘도 없는 인형이 등장하니까요. 다섯 손가락을 꼬물꼬물 움직이는 아이들 모습이 정말 사랑스럽겠지요?

놀이 목표 다양한 표정을 이해하고 표현해요. 창의력, 상상력, 표현력을 길러요.
놀이 준비 도토리깍정이, 네임펜, 양면테이프

 연계 그림책
《떼굴떼굴 다 도토리!》
개똥이 글/정지윤 그림, 개똥이

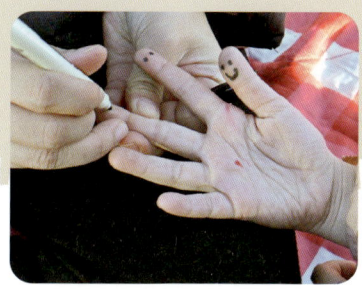
1 손가락에 다양한 표정을 그려요.

2 도토리깍정이 안에 양면테이프를 붙여요.

엄지 인형은 깔깔 웃고 있어요.

3 손가락에 도토리깍정이를 얹어 도토리 손가락 인형을 만들어요.

4 손가락 인형의 표정을 따라 하며 감정을 표현해요.

플러스 놀이
도토리깍정이로 한글 자모음을 표현하며 글자를 익힐 수 있어요.

가을 47 도토리 메모리 게임

친구나 가족이 모였을 때 할 수 있는 대표적인 놀이로 보드게임이 있어요. 여럿이 둘러앉아 판 위에 있는 다양한 도구들을 이용해 승부를 가르며 즐기는 놀이죠. 주의력, 기억력, 집중력, 인지 능력을 높이는 데도 보드게임은 쓸모가 있답니다. 오늘은 자연물을 이용해 멋진 보드게임을 만들어 볼게요. 바로 아이들 두뇌 활동에도 아주 좋은 메모리 게임이랍니다.

놀이 목표   규칙을 경험하고 사회성을 발달시켜요. 기억력과 집중력을 길러요.

놀이 준비   도토리깍정이, 그림 스티커, 핀셋, 목공풀

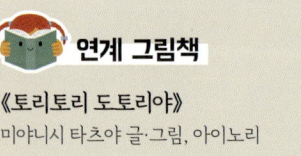

연계 그림책

《토리토리 도토리야》
미야니시 타츠야 글·그림, 아이노리

《도토리다》
루 피콕 글/야스민 이스마일 그림, 사파리

> 아이들 나이에 따라 도토리깍정이의 개수를 조절해요.

1 짝수 개의 도토리깍정이와 도토리깍정이 안쪽에 붙일 수 있는 크기의 그림 스티커를 준비해요.

2 도토리깍정이 안쪽에 목공풀을 바른 다음, 핀셋으로 그림 스티커를 집어서 붙여요.

3 똑같은 그림을 2개씩 붙여서 메모리 게임을 만들어요.

4 도토리깍정이를 뒤집어 잘 섞은 뒤, 가지런히 펼쳐 놓아요.

5 도토리깍정이 두 개를 뒤집어서 안쪽 그림이 똑같으면 가져오고, 그림이 다르면 같은 자리에 다시 엎어 두세요. 순서를 번갈아 하며 도토리깍정이를 많이 모으는 사람이 이겨요.

가을 48 알록달록 도토리의 변신

산 입구에서 이런 플래카드를 본 적이 있나요? "숲속 동물들의 먹이가 부족하니 도토리를 주워 가지 마세요." 아이들은 숲에서 도토리를 발견하면 보물을 찾은 듯 좋아하지만, 숲속 친구들의 겨울나기를 위해 양보해야 해요. 너무 아쉬워 마세요. 도토리깍정이와 알록달록 예쁜 색깔의 폼폼으로 특별한 도토리를 만들 수 있답니다. 집을 꾸미는 소품으로도 좋아요!

놀이 목표 일대일 대응 개념을 익혀요. 색채 감각을 길러요.

놀이 준비 도토리깍정이, 폼폼, 양면테이프 또는 목공풀

 연계 그림책

《사랑을 주면 줄수록》
마시캠벨 글 / 프란체스카 신나 그림, 미디어창비

《도토리는 다 먹어》
보리 글 / 장순일 그림, 보리

1 도토리깍정이와 폼폼을 준비해요.

2 도토리깍정이 안쪽에 양면테이프를 붙이거나 목공풀을 발라요.

> 깍정이 하나에 폼폼을 하나씩 끼우며 일대일 대응을 익힐 수 있어요.

3 도토리깍정이에 폼폼을 붙여요.

4 알록달록 예쁜 도토리가 완성되었어요.

5 가랜드나 모빌, 크리스마스 오너먼트 등 장식 소품으로 활용해 보세요.

가을 49 복슬복슬 억새 부엉이

억새는 갈대와 매우 비슷한 생김새를 하고 있어요. 하지만 사는 곳이 달라요. 갈대는 강가나 습지처럼 물이 있는 곳에서 자라는 반면, 억새는 주로 산이나 들처럼 건조한 곳에서 자란답니다. 억새는 가을에 하얀색 꽃이 피는데, 꼭 복슬복슬한 동물의 털 같아 보여요. 그래서 오늘은 억새로 부엉이를 만들어 봤어요. 부엉이의 깃털이 참 따뜻해 보이지 않나요?

놀이 목표 억새를 탐색해요. 표현력과 창의력을 길러요.

놀이 준비 억새, 다양한 자연물, 목공풀

연계 그림책

《부엉이와 보름달》
제인 욜런 글/존 쇤헤르 그림, 시공주니어

《네가 행복할 때》
엠마 도드 글·그림, 사파리

억새의 양에 따라 부엉이의 크기가 달라져요.

1 억새를 여러 개 모아서 억새 줄기로 묶어요.

2 꽃 부분을 아래로 내린 다음, 동그랗게 모아 묶어서 몸통을 만들어요.

3 같은 방법으로 몸통보다 작게 머리를 만들어요.

4 몸통 위쪽에 머리를 놓아 연결한 다음 아래쪽을 모아 묶어요.

오목한 쪽이 위로 올라오게 붙여 주세요.

5 도토리깍정이를 붙여서 부리부리한 눈을 표현해요.

6 부리와 귀깃, 동공도 다양한 자연물로 표현해 보세요.

가을 50 가을 장식 달콤 케이크

생일 파티에 빠질 수 없는 음식이 있죠. 바로 케이크예요. 특별한 날을 더욱 의미 있게 만들어 주는 케이크는 어떤 재료로 어떻게 장식하느냐에 따라 맛도 다르고 의미도 남다르답니다. 자연이 주는 재료로 만들어진 케이크는 어떤 맛일까요? 아이들과 함께 가을 숲에서 얻은 열매와 나뭇잎들로 케이크를 장식해 보세요. 먹을 수는 없지만, 신기하게도 꽤 먹음직스러워 보인답니다.

놀이 목표 계절감을 느껴요. 창의력과 상상력을 길러요.
놀이 준비 다양한 자연물, 상자, 가위, 목공풀, 케이크 도안

연계 그림책

《모두를 위한 케이크》
다비드 칼리 글/마리아 덱 그림, 미디어창비

《특별 주문 케이크》
박지윤 글·그림, 보림

《케이크가 커졌어요!》
구도 노리코 글·그림, 책읽는곰

1 케이크 도안을 오려서 상자에 붙여요.

2 다시 케이크 모양으로 잘라 주세요.

생크림 케이크에 무얼 올릴까?

3 다양한 자연물을 채집해요.

4 케이크 도안에 목공풀을 칠한 후 원하는 자연물을 붙여요.

케이크를 누구에게 선물할까?

5 달콤한 케이크를 완성해요.

가을 51 나무에 얼굴이 있다면?

늘 한자리에 서 있는 나무는 무슨 생각을 하고 있는지, 얼굴이 있다면 어떤 표정을 짓고 있는지 궁금하지 않나요? 소나무는 새침해서 잎이 뾰족뾰족한 걸까요? 단풍나무는 부끄러워 잎이 빨개진 걸까요? 노란 은행나무는 웃고 있는 걸까요? 아이들과 함께 나무에 표정을 만들어 보세요. 아이가 만든 나무의 얼굴은 왜 그런 표정을 하고 있는지 이야기하다 보면 감정 표현하는 법도 익힐 수 있답니다.

놀이 목표 감정 표현을 배워요. 표현력과 어휘력을 발달시켜요.

놀이 준비 다양한 자연물, 찰흙

 연계 그림책

《나무와 말하다》 사라 도나티 글·그림, 책빛
《나무가 말했어요》 소피 레스코 글/탄 포르탈 그림, 노란돼지
《울보 나무》 카토 요코 글/미야니시 타츠야 그림, 한림출판사

1 찰흙을 얼굴 모양으로 빚어서 나무 기둥에 붙여요.

2 나무의 얼굴이 어떤 모양일지 상상하며 어울리는 자연물을 찾아 붙여요.

나무는 어떤 말을 하고 싶을까?

3 나무 얼굴을 완성해요.

4 만들기 재료(칼라 점토, 마끈 등)로 더욱 다양하게 만들어 보세요.

가을 52 가을 감성 캔들 홀더

가을은 만끽하기에 참 짧은 계절이에요. 오늘은 길에 떨어진 단풍잎을 아이와 한 아름 주워 왔어요. 새빨갛게 물든 단풍잎으로 무얼 할까 고민하다가 작은 유리병이 눈에 띄었어요. 유리병을 단풍잎으로 꾸며 캔들 홀더를 만들었답니다. 촛불을 켤 때마다 가을이 방 안을 가득 채울 것 같지 않나요? 감성 돋는 가을을 더 오래 즐기고 싶다면 가을 자연물로 생활용품을 만들어 보세요.

놀이 목표 계절감을 느껴요. 감성을 풍부하게 해요.

놀이 준비 단풍잎, 유리병, 미니 LED 촛불, 목공풀, 붓, 리본(생략 가능)

 연계 그림책

《단풍 편지》
기쿠치 치키 글·그림, 웅진주니어

《수수바의 가을바람 불어라》
조미자 글·그림, 핑거

1 단풍잎을 준비해요.

너무 마르거나 상처 입지 않은 것으로 준비해 주세요.

2 목공풀에 물을 조금 섞어 유리병에 발라요.

3 유리병에 단풍잎을 빙 둘러 붙여요.

4 단풍잎 위에 목공풀을 발라서 코팅한 다음, 말려요.

5 미니 LED 촛불을 넣어서 완성해요.

6 리본으로 꾸미면 더욱 아름다워요.

가을 53 으스스 나뭇잎 해골

매년 10월 31일이면 고대 켈트족에서 비롯된 축제가 열려요. 바로 핼러윈 축제죠. 원래는 이날 저승 문이 열리고 죽은 영혼이 살아난다고 믿었는데 풍습이 점점 바뀌었답니다. 서양에서는 어린이들이 이웃집에 과자나 사탕을 얻으러 가곤 하는데, 이때 해골 복장을 한 아이들을 자주 볼 수 있어요. 오늘은 뼈 모양 펀치를 이용해 재밌는 나뭇잎 해골을 만들어 보려고 해요.

놀이 목표 다른 나라 세시 풍속에 관심을 가져요. 인체 구조에 관심을 가져요.

놀이 준비 낙엽, 뼈 모양 펀치, 검은색 색종이와 도화지, 가위, 목공풀

 연계 그림책

《해골이 딸꾹딸꾹》
마저리 카일러 글/S.D. 쉰들러 그림, 길벗스쿨

《뼈를 도둑맞았어요!》
장뤼크 프로망탈 글/조엘 졸리베 그림, 보림

1 뼈 모양 펀치를 이용해 나뭇잎에 구멍을 뚫어요.

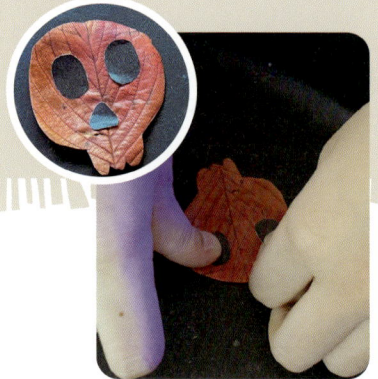

2 낙엽을 머리뼈 모양으로 오리고, 검은색 색종이로 꾸며서 해골 머리뼈를 만들어요.

3 뼈 모양 조각들로 몸 전체를 구성해요.

4 검은 도화지에 목공풀로 붙이면 해골 액자를 만들 수 있어요.

가을 54 붕대 감은 돌멩이 미라

아이들은 온몸에 붕대가 칭칭 감긴 미라를 쉽게 잊지 못해요. 미라는 썩지 않고 보존된 사체를 말해요. 고대 이집트에서는 '방부 처리사'라는 전문가가 죽은 사람의 몸이 썩지 않도록 미라로 만들었답니다. 그러면 영혼이 돌아와 다시 살 수 있다고 믿었대요. 어째 조금 오싹하지요? 그런데 돌멩이에 하얀 끈을 감아 플라스틱 눈알을 붙이면 우스꽝스러운 미라가 된답니다. 아이들이 무척 재밌어할 거예요.

놀이 목표 다른 나라 문화에 관심을 가져요. 소근육을 발달시켜요.

놀이 준비 돌, 흰색 끈(마스크 끈 또는 운동화 끈 등), 플라스틱 눈알, 목공풀

연계 그림책

《피라미드의 저주》
한규호 글/반정원 그림, 받침없는동화

《귀신 님! 날 보러 와요!》
진수경 글·그림, 천개의바람

1 미라를 만들 돌을 준비해요.

2 눈 붙일 부분을 제외한 나머지에 흰색 끈을 감아요.

3 목공풀로 플라스틱 눈알을 붙여요.

4 붕대를 칭칭 감은 돌멩이 미라가 완성되었어요.

가을 55 승리의 곡식 메달

가을은 운동회가 열리는 계절이기도 해요. 청군, 백군으로 나뉘어 박 터뜨리기, 줄다리기, 이어달리기 등을 하며 모두가 즐거워하는 날이죠. 오늘은 운동회에서 주는 메달을 곡식으로 만들어 볼 거예요. 각종 콩, 쌀, 조, 수수 등을 수확하는 계절이니까요. 온 가족이 선선한 가을 날씨 속에서 신나게 뛰어놀고, 아이들에게 멋진 메달을 수여한다면 잊지 못할 가을날의 추억을 만들 수 있을 거예요.

놀이 목표 다양한 곡식의 모양과 특징을 탐색해요. 창의성과 표현력을 길러요.

놀이 준비 다양한 종류의 곡식, 지점토, 밀대, 모양틀, 목공풀, 붓, 리본끈

연계 그림책

《밥이 최고야》
김난지 글/최나미 그림, 천개의바람

《내가 좋아하는 곡식》
이성실 글/김시영 그림, 호박꽃

《칙칙팥팥》
콩양신쨔오 글/구미 그림, 키위북스

1 지점토를 밀대로 밀어 적당한 두께로 펼쳐요.

2 모양틀을 지점토에 찍어 메달 모양을 만들어요.

> 세모, 별, 하트, 네모 등 아이가 원하는 모양으로 만들어 주세요.

3 리본끈을 걸 구멍을 뚫어요.

> 가장자리에 뚫으면 메달이 부러질 수 있으니 조금 안쪽에 뚫어야 해요.

4 다양한 곡식을 관찰해요.

5 곡식을 자유롭게 눌러 붙여요.

6 곡식이 떨어지지 않도록 목공풀에 물을 섞어 칠해요.

7 목공풀이 다 마르면 리본끈을 구멍에 끼워 곡식 메달을 완성해요.

가을 56 빨래 널기 좋은 날

가을비가 내리는 날은 숲속 세탁소가 문을 여는 날이에요. 촉촉이 내리는 가을비가 낙엽에 쌓인 먼지들을 말끔히 씻어 주니까요. 비가 그친 후, 산책을 하며 울긋불긋 싱싱함을 머금은 낙엽을 주워 왔어요. 그리곤 티셔츠, 바지, 치마로 변신시켰답니다. 이제 빨래를 널어야 해요. 집게로 빨랫줄에 나란히 매달아 옷을 말려요. 가을은 빨래 널기 정말 좋은 날이에요. 오늘은 또 어떤 빨래를 널어 볼까요?

놀이 목표 다양한 옷 모양을 표현해요. 집중력 및 눈과 손의 협응력을 길러요.

놀이 준비 낙엽과 나뭇가지, 상자, 마끈, 가위, 나무 집게

연계 그림책

《너구리 세탁소》
준코 시부야 글·그림, 스콜라

《누가 좀 말려줘요!》
신순재 글/안은진 그림, 봄개울

1 낙엽과 나뭇가지를 채집해요.

2 상자 양쪽 끝에 나뭇가지를 끼워요.

3 나뭇가지에 마끈을 묶어서 빨랫줄을 만들어요.

4 낙엽을 가위로 잘라 여러 가지 옷 모양을 만들어요.

5 빨랫줄에 나무 집게로 낙엽 옷을 고정해요.

> 상자로 세탁기를 만들면 세탁소 놀이로 확장할 수 있어요.

6 선선한 가을바람이 부는 곳에서 빨래를 말려요.

가을 57 바스락바스락 낙엽 스낵

바싹 마른 나뭇잎들이 어느새 우수수 떨어져 내렸어요. 나무들이 막바지 겨울 준비를 하고 있나 봐요. 밟을 때마다 "바스락바스락" 소리가 들려요. 아이와 함께 낙엽을 밟으며 상상의 나래를 펼쳐 보았어요. 씹을 때마다 "바사삭" 부서지는 과자 소리 같아서 아이와 낙엽 스낵을 만들었답니다. 어떤 맛일지, 어디에서 팔지, 얘기 나누며 한 층 더 깊어진 가을을 느껴 보세요.

놀이 목표 마른 낙엽의 소리와 촉감을 탐색해요.
표현력과 창의력을 길러요.

놀이 준비 마른 낙엽, 투명 시트지 또는 투명 테이프, 지퍼백, 색칠 도구 가위, 커터칼, 양면테이프, 낙엽 스낵 봉지 도안

연계 그림책

《낙엽 스낵》
백유연 글·그림, 웅진주니어
《바스락바스락, 가을이에요!》
엘런 델랑어 글/안나 린드스텐 그림, 키즈엠

> 실제 과자 봉지를 관찰한 후 만들면, 확장적 사고와 다양한 표현에 도움이 돼요.

> 시트지가 없으면 넓은 투명 테이프를 붙여 주세요.

1 낙엽 스낵 봉지 도안을 색칠해요.

2 가운데 낙엽 부분을 오려 내요.

3 도안 전체에 투명 시트지를 붙여요.

> 가로 12cm, 세로 18cm 정도 크기로 준비해 주세요.

4 도안을 뒤집어 안쪽에 지퍼백을 붙여요.

5 양면테이프로 붙여서 지퍼백 스낵 봉지를 완성해요.

6 낙엽을 봉지에 담아서 낙엽 스낵을 만들어요.

겨울 01 꽃눈으로 쓴 글씨

나무는 겨울 동안에도 아주 바빠요. 잎을 다 떨어뜨리고 죽은 듯 보이지만 잎눈과 꽃눈을 만들며 봄을 준비하니까요. 그중 목련의 꽃눈은 복슬복슬한 잔털로 감싸져 있어요. 겨울에 얼지 않으려면 털옷을 입고 있어야 한답니다. 옛사람들은 이런 목련 꽃눈을 '나무 붓'이라는 뜻의 '목필'로 부르기도 했어요. 과연 목련 꽃눈 가지를 손에 쥔 아이가 어떤 글을 쓰고 어떤 그림을 그리고 싶어 할까요?

놀이 목표 목련 꽃눈의 생김새에 관심을 가져요. 붓글씨를 쓰며 마음을 정화해요.

놀이 준비 꽃눈이 달린 목련 가지, 먹물, 종이, 접시

연계 그림책

《목련 만두》 백유연 글·그림, 웅진주니어
《일주일》 김라임 글·그림, 키다리
《아직 봄이 오지 않았을 거야》 정유진 글·그림, 고래뱃속

목련 가지는 꽃 가게에서도 구할 수 있어요.

1 목련 가지, 먹물, 종이를 준비해요.

2 접시에 먹물을 짜서 담아요.

3 목련 꽃눈에 먹물을 묻혀요.

4 종이 위에 글을 쓰거나 그림을 그려요.

5 잘 말려서 액자나 족자에 전시해 보세요.

겨울 02 귤로 배우는 과학

겨울 하면 어떤 과일이 생각나나요? 대부분 귤을 떠올릴 거예요. 먹기 시작하면 손이 노랗게 될 때까지 귤을 까먹던 경험이 다들 있지요. 새콤달콤한 귤은 비타민C가 많이 들어 있어 감기 예방에도 좋답니다. 추운 겨울 따뜻한 집 안에서 가족끼리 모여 도란도란 귤을 까먹으며 할 수 있는 귤 놀이를 소개해요. 우선 귤을 여러 단면으로 잘라 탐색하고, 물에 띄워 부력에 대해서 알아봤답니다.

놀이 목표 제철 과일에 관심을 가져요. 부력과 밀도 차를 경험해요.

놀이 준비 귤, 투명 컵 2개

 연계 그림책

《거인 아저씨 배꼽은 귤 배꼽이래요》
후카미 하루오 글·그림, 한림출판사

1 귤을 가로와 세로로 반을 잘라서 단면을 비교해요.

2 투명 컵에 물을 같은 양으로 담아서 준비해요.

 왜 어떤 귤은 뜨고, 어떤 귤은 안 떠요?

껍질을 벗기지 않은 귤에는 공기가 들어갈 공간이 있어서 귤이 뜨는 것이랍니다. 마치 튜브를 낀 것처럼 말이죠. 그런데 껍질을 벗기면 이런 공기가 없어지니 가라앉게 되지요. 더 정확히는 밀도(단위 부피당 질량)가 물보다 낮으면 물에 뜨고, 높으면 물에 가라앉는답니다.

> 컵에 귤을 풍덩 넣으면 어떻게 될까?

3 귤 하나는 껍질째로, 다른 하나는 껍질을 벗겨서 컵에 각각 넣어요.

4 컵에 넣은 귤을 관찰하며, 귤이 왜 뜨고 가라앉는지 이야기 나눠요.

겨울 03 **귤로 탑 쌓기**

블록으로 탑을 쌓는 것은 집중력, 눈과 손의 협응력, 대·소근육의 발달에 도움이 되지요. 자연스럽게 '크다, 작다, 많다, 적다' 등의 수 개념도 자리 잡고, 언어도 발달한답니다. 오늘은 이 계절에 흔한 귤로 탑을 쌓아 보았어요. 귤을 하나씩 쌓으며 집중하는 아이들 모습이 정말로 귀여웠답니다. 수를 배우고 있는 아이라면, 누구 귤에 알맹이가 더 많나 대결해도 재밌어요!

놀이 목표 균형 감각과 조작 능력을 길러요. 수 세기에 익숙해져요.

놀이 준비 귤

 **연계 그림책**

《귤이 되었어요》
강모경 글/씰라씰라 그림, 소담주니어

놀이1 귤 탑 쌓기

여럿이서 하나씩 번갈아 쌓으며 누구 차례에 무너트리는지 대결해도 좋아요.

귤을 차곡차곡 쌓아서 탑을 만들어요.

놀이2 알맹이 개수 맞히기

저는 다섯 개 들어 있을 것 같아요.

1 귤을 까기 전에 알맹이가 몇 개 들어 있을지 추측해요.

2 껍질을 벗긴 후 알맹이를 세어 보아요.

추측한 개수와 얼마나 차이 나는지도 이야기해 보세요.

3 알맹이가 몇 개 있는지 손가락으로 표시해요.

겨울 04 새콤달콤 귤로 만든 동물

껍질을 까서 알맹이를 하나씩 떼어 줘야 귤을 먹던 아이들이 어느새 자라 자기 손으로 귤껍질을 능숙하게 까먹는 걸 보면, '우리 아이가 많이 컸구나!' 느끼게 되죠. 귤껍질을 이리저리 놓으며 모양을 만들고 있는 아이 모습에 아이디어가 떠올랐어요. 귤껍질로 동물을 만들어 보자고 하니, 고사리손에서 나비, 양, 물고기, 달팽이까지 탄생했답니다. 또 어떤 동물을 만들 수 있을까요?

놀이 목표   집중력 및 눈과 손의 협응력을 길러요. 상상력과 표현력을 길러요.
놀이 준비   귤, 가위, 다양한 스티커(눈코입, 도형 등)

연계 그림책
《귤 사람》 김성라 글·그림, 사계절
《웃는 귤》 김우종 글/안진영 그림, 나한기획

원하는 모양으로 귤껍질을 벗겨도 돼요.

1 벗겨 놓은 귤껍질로 연상되는 동물을 스티커를 붙여서 만들어요.

2 귤껍질을 가위로 오리고 겹치면 보다 정교하게 표현할 수 있어요.

플러스 놀이

귤에 눈코입 스티커를 붙여서 손가락 인형을 만들어 보세요.

3 귤 알맹이를 함께 이용하면 보다 입체적으로 만들 수 있어요.

겨울 05 칙칙폭폭, 귤 기차가 떠납니다!

아이들은 누군가의 역할로 변신해 놀이하는 것을 아주 좋아해요. 병원 놀이에서는 의사, 간호사, 환자로 변신하기도 하고, 소꿉놀이에서는 아빠, 엄마로 변신하기도 해요. 이런 역할 놀이로 다른 사람의 감정과 생각을 이해하고 따라 하며 사회성을 높일 수 있답니다. 오늘은 귤을 줄줄이 놓아서 기차 마을을 만들어 봤어요. 귤 기차를 타러 온 동물 친구들로 북적북적 흥겨웠답니다.

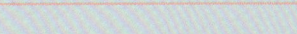

놀이 목표 표현력과 창의력을 길러요. 언어 능력과 사회성을 발달시켜요.

놀이 준비 귤, 빨대, 솜, 가위, 목공풀, 색종이, 다양한 스티커(눈코입, 도형 등) 기차 장난감과 미니어처

연계 그림책

《감귤 기차》 김지안 글·그림, 재능교육
《토끼귤》 다은 글·그림, 북극곰

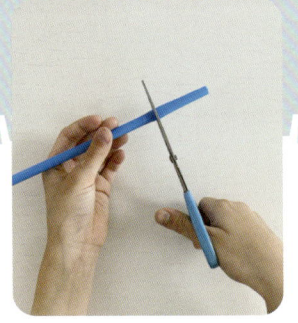

1 빨대를 굴뚝 길이로 잘라요.

2 목공풀로 빨대에 솜을 붙여서 연기를 표현해요.

3 귤에 꽂아 굴뚝을 표현하고, 눈 스티커로 표정도 만들어요.

4 색종이를 네모로 오려서 창문을 준비해요.

5 귤에 창문을 붙인 다음, 줄줄이 놓으면 기차가 만들어져요.

6 기차 레일 위에 놓고, 동물 장난감을 태우고 내리며 놀아 보세요.

> 귤 기차는 어디로 출발하니?

겨울 06 # 오렌지 껍질 모빌

오렌지 껍질에서는 상큼하고 달콤한 향이 나요. 냄새를 맡고 있으면 기분이 전환되며 청량감을 느낄 수 있답니다. 이번엔 아이들이 직접 오렌지 껍질을 이용해 천연 방향제를 만들었어요. 인공적인 향을 좋아하지 않는 아이들도 오렌지로 만든 향은 좋아할 수밖에 없을 거예요. 아깝게 버려지는 오렌지 껍질로 모빌을 만들어 집을 예쁘고 향긋하게 꾸며 보면 어떨까요?

놀이 목표 모양 찍기로 소근육을 발달시켜요. 성취감과 자신감을 느껴요.

놀이 준비 오렌지, 쿠키 커터, 나뭇가지, 끈 종류(마끈, 꽈배기끈)

 연계 그림책

《큰 배와 작은 배와 오렌지》
안나 맥그리거 글·그림, 키즈엠

1 오렌지 껍질과 쿠키 커터를 준비해요.

2 오렌지 껍질을 쿠키 커터로 찍어 모양 조각을 만들어요.

3 필요한 만큼 모양 조각을 만들어요.

4 일정한 규칙에 따라 모양 조각을 배열해요.

5 끈으로 묶어 오렌지 모빌을 완성해요.

플러스 놀이

모양 조각에 끈을 달면 크리스마스트리 장식으로 활용할 수 있어요.

195

겨울 07 바스락바스락, 겨울 낙엽 놀이

겨울 숲은 다른 계절에 비해 놀이 재료가 부족한 편이에요. 하지만 아이들에게는 오히려 단점이 장점으로 작용한답니다. 아이들은 놀잇감이 부족할수록 창의적으로 생각하기 때문이죠. 겨울 숲에서 가장 많이 눈에 띄는 것은 바싹 마른 낙엽들이에요. 과연 꼬마 놀이 전문가들은 마른 낙엽에서 어떤 놀이를 찾아낼까요? 바스락바스락, 겨울 낙엽 놀이 세상으로 우리 함께 떠나요!

놀이 목표 마른 낙엽을 탐색해요. 야외 활동으로 신체 발달을 도모해요.

놀이 준비 `공통` 마른 낙엽 `놀이1` 지퍼백 `놀이2` 위생팩 `놀이3` 썰매
`놀이4` 낙엽 모을 도구(나뭇가지, 빗자루 등) `놀이5~6` 나뭇가지

연계 그림책

《낙엽 다이빙》 강은옥 글·그림, 위즈덤하우스
《겨울 숲 엄마 품 소리》
우종영 글/하수정 그림, 파란자전거
《겨울 숲 친구들을 만나요》
이은선 글·그림, 시공주니어

> 마른 낙엽을 만지고 밟으며 소리를 듣는 것도 좋은 놀이가 돼요.

`놀이1` 낙엽 방석

1 지퍼백에 마른 낙엽을 담아요.

2 지퍼백 입구를 닫아 낙엽 방석을 완성해요.

3 낙엽 방석 위에 앉아요.

`놀이2` 낙엽 공

1 위생팩에 마른 낙엽을 담아요.

2 위생팩에 공기를 모으며 묶어서 낙엽 공을 만들어요.

3 낙엽 공을 던지고, 받고, 차며 놀아요.

놀이3 낙엽 썰매

1 썰매를 준비해요.

위험한 장애물이 있는지 확인해 주세요.

2 낙엽이 쌓인 경사로 위에서 썰매를 타고 내려와요.

놀이4 낙엽길 만들기

구불구불 뱀처럼 생겼어요!

낙엽이 수북이 쌓인 바닥에 길을 만든 뒤 걸어 보아요.

놀이5 낙엽 하트

1 낙엽 모을 도구를 준비해요.

2 낙엽을 모아서 하트 모양을 만들어요.

3 낙엽 하트가 완성되었어요.

놀이6 낙엽 둥지

1 낙엽을 수북이 쌓아서 둥지 모양을 만들어요.

2 나뭇가지들도 얹어 주세요.

3 새처럼 둥지에 들어가 보아요.

겨울 08 나무껍질 상상 그림

나무를 볼 때 여러분은 어느 곳을 보나요? 대부분은 나뭇잎이나 꽃, 열매를 보게 되지요. 나무껍질을 살펴볼 일이 별로 없지만, 사실 나무껍질은 사람의 지문처럼 나무마다 각기 달라서 자세히 보면 꽤 흥미롭답니다. 또한 나무껍질이 떨어져 생긴 모양은 아이들의 상상력을 자극하기에 좋답니다. 나무껍질을 관찰하다 보면 어느새 재미난 이야기가 펼쳐질 거예요.

놀이 목표 나무껍질을 탐색해요. 상상력과 표현력을 길러요.

놀이 준비 카메라 또는 나무껍질 도안, 색연필

연계 그림책

《악어 엄마》 조은수 글/안태형 그림, 풀빛
《나무를 그리는 사람》 프레데릭 망소 글·그림, 씨드북
《나무가 되자!》 마리아 잔페라리 글/펠리치타 살라 그림, 책읽는곰

나무껍질이 떨어져 생긴 모양이 무엇을 닮았는지 상상해요.

1 산책하면서 나무 기둥을 탐색해요.

2 나무 기둥을 촬영해 출력하거나 나무껍질 도안에 상상한 모양을 그려요.

플러스 놀이

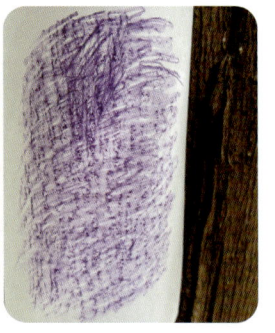

나무 기둥에 종이를 붙인 다음, 색연필로 나무껍질 프로타주를 해요.

나무에 눈사람이 숨어 있어요.

3 무엇을 상상해 그렸는지 함께 이야기 나눠요.

겨울 09 나뭇가지 액자와 갈런드

차갑고 메마른 날씨의 겨울에는 바싹 마른 나뭇잎만큼이나 나뭇가지들도 바닥에 많이 떨어져 있답니다. 나뭇가지는 바람이나 벌레 등의 영향으로 자연스럽게 떨어진 것이라 길이나 굵기, 색과 모양이 아주 다양해요. 아이들의 상상력과 창의력을 발휘하기에 아주 좋은 재료가 되지요. 주변 풍경을 나뭇가지 액자에 사진처럼 담아 보세요. 나뭇가지 갈런드로는 아이 방을 꾸며 보는 건 어떨까요?

놀이 목표 다양한 나뭇가지를 탐색해요. 미적 감각과 구성력을 길러요.

놀이 준비 `공통` 나뭇가지, 끈 `놀이2` 솔방울, 물감, 접시(또는 팔레트), 붓

연계 그림책

《나무는 좋다》
재니스 메이 우드리 글/마르크 시몽 그림, 시공주니어

《아주 특별한 마법의 막대기》
로엘 세이델 글·그림, 봄날의곰

놀이1 나뭇가지 액자

> 평소에 발견 못 했던 자연을 섬세하게 관찰할 수 있어요.

1 나뭇가지 네 개를 우물정(井) 모양으로 묶어 나무 액자를 만들어요.

2 나무 액자 안에 다양한 풍경과 인물을 담아요.

놀이2 무지개 갈런드

> 사진을 붙여 전시해도 좋아요.

1 다양한 길이의 나뭇가지를 무지개색으로 칠해요.

2 솔방울도 색칠해요.

3 물감이 마르면, 끈으로 나뭇가지와 솔방울을 묶어 갈런드를 만들어요.

겨울 10 색실 감은 나뭇가지

영유아기는 서서히 손가락 힘을 조절하게 되는 시기예요. 구슬을 꿰거나 종이를 자르고 그림 그리는 등, 다양한 놀이로 자극을 줘야 손가락 근육이 잘 발달하고, 그래야 다른 발달도 골고루 이루어진답니다. 오늘은 산책길에 주운 나뭇가지에 여러 색깔의 실을 요리조리 움직이며 감는 놀이를 준비했어요. 단순해 보이지만 아이들은 이런 놀이를 통해 집중력을 기르고, 성취감을 느낄 수 있답니다.

놀이 목표 손가락 근육 및 눈과 손의 협응력을 길러요. 색채 감각을 길러요.

놀이 준비 나뭇가지, 다양한 색깔의 실, 글루건

 연계 그림책

《소중한 나뭇가지》
미레유 메시에 글/피에르 프랫 그림,
국민서관

1 글루건을 이용해 나뭇가지를 열십자(+) 모양으로 붙여요.

2 실을 일정한 방향으로 감아 나가요.

3 중간에 다른 색깔 실을 연결하여 실 감기를 계속 반복해요.

글루건이 없으면 실이 풀리지 않게 묶어서 뒤로 숨겨 주세요.

4 실 끝을 뒤쪽에 글루건으로 붙여서 완성해요.

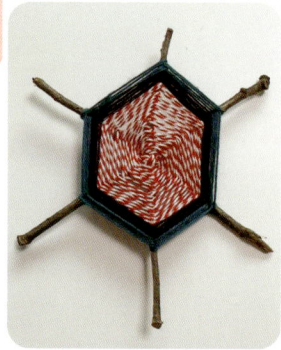

5 벌집 모양으로도 만들어 보세요.

겨울 11 내가 찾은 나뭇가지 인형

그림책 《막대기 아빠》는 어느 날 막대기 아빠가 아침 운동을 나갔다가 뜻하지 않게 가족과 헤어지게 되면서 벌어지는 이야기예요. 책을 읽은 아이가 나뭇가지 인형을 만들겠다며 밖으로 나가면서 이 놀이가 시작되었어요. 나뭇가지를 찾던 아이가 외쳤어요. "엄마! 이 나뭇가지는 다리랑 몸을 만들 수 있을 것 같아요!" 아이는 사람 몸처럼 생긴 나뭇가지를 들고 인형 만들 생각에 신이 났답니다.

놀이 목표 나뭇가지의 생김새에 관심을 가져요. 상상력과 창의력을 길러요.

놀이 준비 나뭇가지와 다양한 자연물(나뭇잎, 도토리깍정이 등)
접착 눈알, 가위, 글루건(또는 목공풀)

 연계 그림책

《막대기 아빠》
줄리아 도널드슨 글/악셀 셰플러 그림,
비룡소

> 아이가 가위질이 어렵거나 나뭇가지가 굵으면 어른들의 도움이 필요해요.

1 나뭇가지를 인형 크기와 모양에 맞게 잘라요.

2 나뭇가지 끝에 나뭇잎을 붙여 머리카락을 표현해요.

3 글루건으로 나뭇가지를 덧붙여 팔다리 개수를 맞춰요.

4 접착 눈알을 붙여서 막대기 인형을 완성해요.

> 나뭇잎을 붙여서 손가락도 표현해 보세요.

5 도토리깍정이로 머리를 표현해도 재밌어요.

겨울 12 솔방울 거미, 나뭇가지 거미집

거미는 곤충이 아니에요. 같은 절지동물이지만, 곤충은 몸이 머리-가슴-배 세 부분이고, 가슴에 3쌍의 다리와 날개가 있어요. 하지만 거미는 머리가슴-배 두 부분이고, 머리가슴에 4쌍의 다리가 있고 날개는 없지요. 아이들은 꽁무니에서 실을 뽑아 집을 만드는 거미를 신기해하며 관심을 보인답니다. 오늘은 겨울에 만난 자연물을 이용해 거미와 친해져 볼까요?

놀이 목표   거미의 생김새에 관심을 가져요. 상상력과 창의력을 길러요.

놀이 준비   솔방울, 나뭇가지, 마끈, 목공풀(또는 글루건)
꾸미기 재료(접착 눈알, 구슬, 모루, 눈 스티커 등)

연계 그림책

《딩동거미》 신성희 글·그림, 한림출판사
《루시의 거미줄》 김형준 글/김수정 그림, 월천상회
《아주아주 바쁜 거미》 에릭 칼 글·그림, 시공주니어

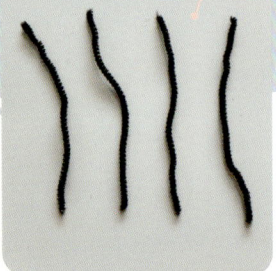

모루 하나에 다리가 2개 만들어져요.

1 모루를 같은 길이로 잘라서 4개 준비해요.

알록달록 구슬 신발을 신겨 줄 거예요.

2 모루 양쪽 끝에 구슬을 끼워 거미 다리를 만들어요.

3 모루 가운데에 목공풀을 바르고 솔방울에 끼워 붙여서 4쌍의 거미 다리를 표현해요.

4 눈 스티커를 붙여요.

5 솔방울 거미가 완성되었어요.

6 나뭇가지를 별 모양으로 묶은 다음, 마끈을 감아서 거미줄을 만들어요.

나뭇가지 거미집에 솔방울 거미를 올려놓고 재밌게 놀아 보세요!

겨울 13 비즈 솔방울 모빌

구멍 뚫린 색색의 작은 구슬에 실을 꿰어 목걸이, 팔찌, 반지 등을 만드는 놀이는 아이들 소근육 발달에 좋아요. 알록달록한 색깔에 반짝반짝 빛나기까지 하니 특히 여자아이들이 좋아하지요. 하루는 아이가 산책 중에 주워 온 솔방울을 구슬과 엮어 보고 싶다고 했어요. 솔방울을 물감으로 예쁘게 물들인 다음, 구슬을 줄줄이 꿰고 솔방울을 매달아 모빌을 만들었답니다. 아름답지 않나요?

놀이 목표 집중력 및 눈과 손의 협응력을 길러요. 색채 감각을 길러요.

놀이 준비 솔방울, 상자, 물감, 낚싯줄, 구슬   플러스 놀이 나뭇가지

 연계 그림책

《욕심꾸러기 시릴과 브루스》
레이철 브라이트 글/짐 필드 그림,
에듀앤테크

《마법의 숲》
김이령 글/최햇님 그림, 학교앞거북이

1 낚싯줄에 구슬을 줄줄이 끼워서 길게 만들어요.

2 상자에 물감을 짜요.

붓으로 솔방울을 색칠해도 좋아요.

3 솔방울을 상자에 넣고 흔들면 솔방울이 데굴데굴 구르며 색칠돼요.

플러스 놀이

나뭇가지로 과녁을 만들어 솔방울 던지기 놀이를 해 보세요.

4 솔방울을 잘 말려요.

5 줄줄이 끼운 구슬 끝에 솔방울을 묶어서 모빌을 완성해요.

겨울 14 물 만난 솔방울 실험

아이가 솔방울을 주울 때는 분명 비늘 모양의 '실편'이 닫혀 있었는데, 며칠 지나니 활짝 열려 있지 뭐예요. 솔방울이 이상하다고 생각한 아이가 솔방울을 두 손으로 꽉 움켜쥐고 있었어요. 힘을 쓰지 않아도 솔방울이 스스로 실편을 오므리게 하는 방법이 있다는 말에, 아이가 귀를 쫑긋 세우네요. "물 한 컵이면 돼!" 그렇게 놀이가 시작되었답니다. 놀이 후에는 솔방울 가습기도 만들어 보세요.

놀이 목표   솔방울의 모양 변화에 관심을 가져요. 솔방울의 특성을 이해해요.

놀이 준비   솔방울, 컵

 연계 그림책

《씨앗 100개가 어디로 갔을까》
이자벨 미뇨스 마르틴스 글/야라 코누 그림,
토토북

1 실편이 펴진 솔방울을 준비해요.

2 솔방울을 물이 담긴 컵에 넣어요.

 솔방울이 왜 오므라드는 거예요?

솔방울의 실편 사이에는 씨앗이 있어요. 솔방울이 물에 젖으면 씨앗을 지키기 위해 오므라드는 것이랍니다. 맑은 날이면 씨앗을 멀리 날려 보내기 위해 솔방울이 벌어진다네요! 그래서 솔방울을 물에 담갔다 빼서 실내에 두면 가습기로 활용할 수 있답니다.

3 솔방울의 변화를 관찰해요.

4 물에서 솔방울을 꺼내 실편이 오므라든 모습을 확인해요.

겨울 15 솔방울 달팽이집

달팽이 머리에는 뿔처럼 생긴 두 쌍의 더듬이가 있어요. 큰 더듬이 끝에는 눈이 있어 빛을 구분하고, 작은 더듬이로는 온도나 냄새 등을 느껴요. 달팽이는 주로 풀이나 나뭇잎을 먹는데, 소화 기관이 색소를 분해하지 못해 음식 색에 따라 배설물의 색도 달라져요. 아이가 점토와 솔방울로 달팽이를 만들더니 달팽이 몸과 색이 비슷한 물건을 모아 놓고 도란도란 재밌는 이야기를 나눴답니다.

놀이 목표 달팽이의 특징에 관심을 가져요. 상상력과 창의력을 길러요.

놀이 준비 솔방울과 다양한 자연물, 점토, 플라스틱 눈알

 연계 그림책

《달팽이》 김민우 글·그림, 웅진주니어
《무지개 똥》 김영미 글, 혜경 그림, 맑은물
《느릴 마을 이야기》 서지연 글/진혜라 그림, 웅진주니어

1 점토를 길게 밀어 달팽이 몸통을 준비해요.

2 솔방울을 올려 달팽이집을 만든 다음, 한쪽 끝을 위로 구부려서 머리를 표현해요.

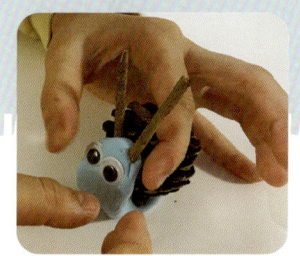

3 나뭇가지를 꽂아 더듬이를, 플라스틱 눈알로 눈을 표현해요.

4 다양한 색으로 달팽이 가족을 만들어요.

이 달팽이는 여러 가지 색깔 음식을 먹어서 무지개 똥을 쌌대요.

5 달팽이로 역할 놀이를 해 보세요.

플러스 놀이

도토리로 달팽이집을 만들고, 도토리깍정이에 자연물을 담아 밥그릇을 표현해 보세요.

205

겨울 16 보송보송 솔방울 올빼미

아이는 산책을 나가면 주머니에 꼭 뭔가를 넣어 온답니다. 그중 가장 단골인 자연물 손님은 솔방울이에요. 한 손에 잡히는 작은 크기에 무게도 가볍고 겹겹이 있는 실편이 독특하기 때문이겠지요. 솔방울은 다 자라면 실편을 열어 씨앗을 멀리 날려 보내요. 그러면 실편 사이에 씨앗이 빠져나간 틈이 생기죠. 이 틈에 솜을 쏙쏙 집어넣어 보송보송 귀여운 올빼미를 만들어 보았답니다.

놀이 목표 솔방울의 구조에 관심을 가져요. 탐구력과 관찰력을 길러요.

놀이 준비 솔방울과 다양한 자연물, 솜, 목공풀, 플라스틱 눈알

 **연계 그림책**

《올빼미 연구 노트》
시모다 도모미 글·그림, 우리아이들(북뱅크)

1 솔방울의 벌어진 틈 사이사이에 솜을 넣어서 올빼미 털을 표현해요.

2 도토리깍정이나 플라스틱 눈알을 붙여 올빼미 눈을 표현해요.

3 부리나 날개, 발 등도 다양한 자연물을 붙여서 만들어요.

올빼미를 흉내 내어 볼게요!

4 완성된 올빼미로 재밌게 놀아요.

겨울 17 달걀판 솔방울 수 놀이

아이들에게 가장 효과적인 공부 방법은 놀이예요. 아이들 스스로 집중해 터득한 내용이라 더 오래 기억되죠. 일상에서 할 수 있는 간단한 수 놀이를 소개할게요. 달걀판과 솔방울을 이용한 것인데, 우리나라 전통 장난감인 죽방울과 비슷하답니다. 우리 아이는 이 놀이를 하며 "한 번 더! 한 번만 더!"를 계속 외쳤어요. 공부인지 모르게 공부가 되는 효과 만점 놀이랍니다.

놀이 목표 숫자에 관심을 가져요. 수의 크기를 비교해요.

놀이 준비 솔방울, 달걀판, 털실, 사인펜, 가위, 테이프 `플러스 놀이` 종이컵

 연계 그림책

《덧셈 놀이》
로렌 리디 글·그림, 미래아이

1 30구 달걀판을 준비해요.

2 30구 달걀판의 한 줄을 잘라 낸 후, 이등분해요.

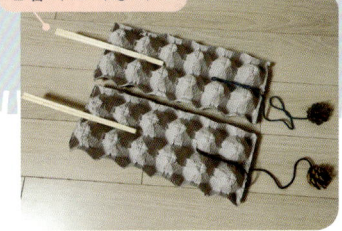

> 나무젓가락을 손잡이로 사용해요.

3 달걀판을 뒤집어서 한쪽에는 나무젓가락을, 반대쪽에는 털실에 묶은 솔방울을 붙여요.

> 숫자를 차례대로 적어도 되고, 섞어서 적어도 괜찮아요.

4 달걀판에 1부터 12까지 숫자를 써넣어서 수 놀이판을 완성해요.

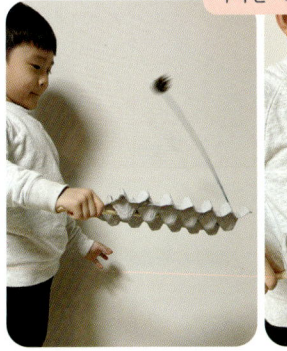

> 둘이서 할 때는 숫자가 더 큰 사람이 이기는 게임으로 변형해 보세요.

5 손잡이를 잡고 솔방울을 치올려서 솔방울이 들어간 칸의 숫자를 말해요.

`플러스 놀이` 솔방울 죽방울 놀이

달걀판 대신 종이컵을 이용하면 솔방울을 받으며 죽방울 놀이를 할 수 있어요.

겨울 18 솔방울 요요

요요는 역사가 오래된 장난감이에요. 16세기경 필리핀에서는 돌에 실을 꿰어 만든 사냥 도구가 있었는데, 점점 놀이 도구로 발전했다고 해요. '요요(yoyo)'란 말은 필리핀어로 '다시 돌아오다.'라는 뜻이에요. 집에서도 아이들과 요요를 만들 수 있어요. 탄성이 좋은 고무줄과 솔방울만 있으면 된답니다. 아이가 처음엔 요요 다루는 것을 어려워할 수 있지만, 그만큼 더 집중해 도전할 거예요.

놀이 목표 대근육과 소근육을 발달시켜요. 인내심과 성취감을 길러요.

놀이 준비 　공통　 솔방울, 고무줄　 놀이2　 두꺼운 종이, 가위, 커터칼, 스타킹, 테이프　 놀이3　 종이컵

연계 그림책
《뭐 하고 놀까?》
김슬기 글·그림, 시공주니어

놀이1 솔방울 요요

1 고무줄 4개를 엮어 길게 만들어요.

2 고무줄 끝에 솔방울을 묶어서 요요를 완성해요.

3 솔방울 요요로 오르락내리락 놀이해요.

놀이2 솔방울 탁구

1 두꺼운 종이를 돋보기 모양으로 자르고 스타킹을 씌운 다음, 솔방울 요요를 가운데에 붙여요.

2 손잡이를 잡고 탁구처럼 솔방울을 치며 놀아요.

놀이3 종이컵 쓰러뜨리기

종이컵으로 탑을 쌓은 다음, 솔방울 요요로 쓰러뜨리기 놀이를 해요.

겨울 19 으라차차, 솔잎 인형 씨름

씨름대회가 열렸어요. 솔잎을 가지런히 고무줄로 묶어 인형을 만들어요. 상자로 씨름장을 만들고, 그 위에 솔잎 인형 두 개를 올려놓아요. 상자를 톡톡 치니, 솔잎 인형이 통통 튀며 움직여요. 솔잎 인형이 원 밖으로 나가면 패배! 아이와 깔깔 웃으며 한참을 놀았답니다. 상자를 세게 두드린다고 이기는 게 아니에요. 솔잎 씨름의 진정한 기술을 찾아 아이들과 대결해 보세요.

놀이 목표 솔잎을 탐색해요. 상상력과 창의력을 길러요.

놀이 준비 솔잎, 고무줄, 가위, 피자 상자, 눈코입 스티커, 그리기 도구

연계 그림책

《솔잎 자장가》
지시우 글·그림, 계수나무

1 솔잎을 한 움큼 잡아 고무줄로 묶어요.

2 또 다른 솔잎 뭉치를 안쪽에 가로로 끼운 뒤, 아래를 고무줄로 묶어요.

3 아랫부분을 가위로 잘라 일자로 다듬고, 가로로 끼운 솔잎도 팔 길이로 잘라요.

4 눈 스티커를 붙여요.

5 솔잎 인형 씨름선수가 완성되었어요.

6 피자 상자에 원을 그려 경기장을 만든 다음, 씨름선수를 경기장에 세워요.

7 상자를 톡톡 두드려서 씨름선수가 경기장 밖으로 나가거나 쓰러지면 패배해요.

209

겨울 20 뾰족뾰족 솔잎 미술놀이

싱그러운 솔잎 향을 맡고 있으면 저절로 건강해지는 느낌이에요. 솔잎에서 항균 작용이 있는 피톤치드가 뿜어져 나오니까요. 솔잎처럼 잎이 길고 가늘게 생긴 나무를 바늘잎나무 또는 침엽수라고 해요. 나무들이 모두 잎을 떨어뜨리는 겨울에도 침엽수는 푸른 잎을 자랑한답니다. 뾰족뾰족한 솔잎을 보면 무엇이 떠오르나요? 우리 아이는 고슴도치의 가시와 새들의 둥지가 떠오른다고 했답니다.

놀이 목표 솔잎의 생김새에 관심을 가져요. 창의성과 표현력을 길러요.

놀이 준비 솔잎, 목공풀, 그리기 도구, 솔잎 미술놀이 도안

연계 그림책

《꼬옥 안아 줘!》
오언 매클로플린 글/폴리 던바 그림, 미세기

《도치야》
최영순 글/김희진 그림, 어린이작가정신

놀이1 솔잎 고슴도치

1 고슴도치 등을 따라 목공풀을 바른 다음, 솔잎을 붙여요.

2 멋진 가시를 뽐내는 고슴도치가 완성되었어요.

놀이2 솔잎 새 둥지

둥지는 빼고 색칠해 주세요.

1 도안에 색칠해요.

2 둥지에 목공풀을 발라요.

3 솔잎을 붙여서 둥지를 만들어요.

4 솔잎 둥지를 완성해요.

겨울 21 꽁꽁 얼음 장식

매서운 한파가 몰아치는 날이면, 거리 곳곳이 빙판이 되어 있는 걸 볼 수 있어요. 아이들은 미끄러지지 않으려고 종종걸음을 치면서도 "왜 얼음이 얼었어요? 얼마나 추워야 얼음이 얼어요?" 하며 질문을 늘어놓지요. 이럴 때 아이들과 함께 여러 모양의 얼음을 얼려 보면 어떨까요? 우리에겐 냉장고가 있으니까요. 얼음 트레이 안에 다양한 자연물들을 넣어 얼리면 더욱 아름다울 거예요.

놀이 목표 얼음이 생기는 원리에 관심을 가져요. 얼음 장식물을 직접 만들어요.

놀이 준비 다양한 자연물, 실리콘 몰드, 털실

 연계 그림책

《사탕 트리》
백유연 글·그림, 웅진주니어

뽑기용으로 나온 플라스틱 캡슐을 사용해도 좋아요.

1 자연물을 실리콘 몰드에 넣어요.

2 물을 부은 다음, 냉동실에서 얼려요.

 더욱 투명한 얼음을 원한다면?

끓인 물을 식혀서 얼려 주세요. 모든 물에는 공기가 녹아 있는데, 물을 가열하면 공기가 줄어들어요. 그 물을 얼리면 좀 더 투명한 얼음이 된답니다.

3 실리콘 몰드에서 꺼내어 털실로 묶어요.

4 플라스틱 캡슐을 사용할 경우, 자연물과 함께 털실을 넣어서 얼려요.

5 나무에 얼음 장식을 걸어 보세요.

211

겨울 22 흙으로 만든 물감

숲 놀이를 나간 어느 날, 아이가 "엄마! 이쪽에 있는 흙 색깔이랑 저쪽에 있는 흙 색깔이 달라요!" 하며 흙의 다양한 색깔에 관심을 보였어요. 이때 자연물로 만든 물감이 떠올라 두 가지 색의 흙을 집으로 퍼 왔답니다. 옥상에서 3일 동안 흙을 잘 말린 뒤, 드디어 물감 만들기가 시작됐어요. 과연 흙 물감으로 그린 그림은 어떤 느낌이 들까요? 아이와 이야기 나누며 놀이해 보세요!

놀이 목표 흙의 색에 관심을 가져요. 오감을 발달시켜요.

놀이 준비
- 준비 다양한 색깔의 흙, 채, 통, 목공풀, 면봉
- 놀이 상자, 붓 또는 면봉

 연계 그림책

《흙이 좋아》
개똥이 글/박소정 그림, 개똥이

준비 물을 이용한 흙 물감

1 햇빛에 잘 말린 흙을 체에 걸러요.

2 곱게 거른 흙을 통에 담아요.

원하는 농도가 아닐 경우 물이나 흙을 추가하며 농도를 맞춰요.

3 물을 붓고 섞은 다음, 위에 뜬 부유물을 걷어 내서 완성해요.

두 물감의 차이가 있나요?

물을 이용한 물감은 입자가 고와서 부드럽게 잘 발리지만, 마른 후 흙가루가 떨어지는 단점이 있어요. 목공풀을 이용한 물감은 체에 거르지 않은 흙을 넣었기 때문에 입체감 있게 표현되고, 마른 후에도 흙이 잘 떨어지지 않아요.

준비 목공풀을 이용한 흙 물감

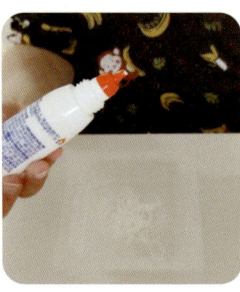

1 목공풀을 통에 짜요.

2 체에 거르지 않은 흙을 넣고 면봉으로 잘 섞어서 완성해요.

놀이 흙 물감 그림 그리기

캔버스, 스케치북 등 다양한 질감의 배경지에 그림을 그려서 비교해 보세요.

상자 위에 붓이나 면봉으로 그림을 그려요.

겨울 23 — 메리 재활용 트리

겨울이면 거리와 가정에서 크리스마스트리를 흔히 볼 수 있어요. 성탄절을 기념하는 크리스마스트리는 독일에서 기원한 문화라고 해요. 주로 구상나무, 전나무 등의 침엽수를 사용한답니다. 꼭대기에는 별을 달고, 인형이나 종, 전구, 선물 따위로 장식하지요. 그런데 흔히 버리는 휴지심도 트리가 될 수 있을까요? 점토와 겨울 자연물을 이용하면 생각보다 훨씬 예쁜 소품으로 재탄생한답니다.

놀이 목표 다른 나라 세시 풍속에 관심을 가져요. 창의력과 응용력을 길러요.

놀이 준비 다양한 자연물, 휴지심, 가위, 테이프, 점토, 큐빅

연계 그림책

《커다란 크리스마스트리가 있었는데》
로버트 배리 글·그림, 길벗어린이

《최고로 멋진 크리스마스 트리》
글로리아 휴스턴 글/바버러 쿠니 그림, 키위북스

1 휴지심 하나는 살짝 눌러서 트리 모양으로 자르고, 다른 하나는 세로로 잘라 고깔 모양으로 말아 붙여요.

2 나무 모양으로 만든 휴지심에 초록색 점토를 붙여요.

3 점토 위에 자연물을 붙여요.

4 큐빅 별을 트리 끝에 붙여서 완성해요.

겨울 24 나뭇조각 꼬마 눈사람

<꼬마 눈사람>이란 동요에선 한겨울에 밀짚모자를 쓰고, 눈썹도 코도 삐뚤어진 눈사람이 등장해요. 아이들 손에서 탄생한 눈사람은 하나같이 만든 아이들의 개성을 담고 있어요. 오늘은 집에서 눈사람을 만들 거예요. 창의성을 키우려면 불확실성을 많이 포함한 재료가 좋다고 해요. 그런 의미에서 크기도 색도 질감도 모두 다른 나뭇조각은 훌륭한 놀잇감이에요. 조금 삐뚤빼뚤해도 그 자체로 정말 멋지답니다.

놀이 목표 나뭇조각을 탐색해요. 집중력과 소근육을 발달시켜요.

놀이 준비 나뭇조각, 목공풀, 물감, 붓, 꾸미기 재료(단추, 리본, 폼폼 등)

연계 그림책

《다람쥐의 눈사람》
줄리아 도널드슨 글/악셀 셰플러 그림, 비룡소

《눈사람 사탕》
박종진 글/송선옥 그림, 소원나무

1 다양한 모양과 크기의 나뭇조각을 준비해요.

2 동그란 나뭇조각을 목공풀로 이어 붙여서 눈사람 몸을 만들어요.

3 물감으로 눈사람의 몸을 색칠해요.

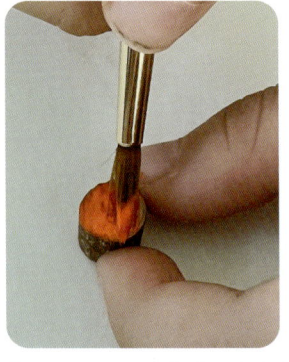

4 작은 조각을 색칠해 눈사람의 코를 만들어요.

5 눈사람 얼굴을 그리고, 코를 붙여요.

6 다양한 재료로 눈사람을 꾸며요.

7 눈사람을 완성해요.

겨울 25 영원히 녹지 않는 눈꽃송이

"엄마, 눈은 어떻게 생겼어요?" 어느 눈 오는 날, 아이가 손을 뻗어 눈을 잡으려 했지만, 녹아 버렸어요. 아이가 다시 말했어요. "엄마, 이것 좀 봐요. 눈송이가 정말 예뻐요." 아이의 옷 위에 신기하게도 눈이 완벽한 결정체로 내려앉아 있었어요. 하지만 금세 또 녹아 버렸죠. 아쉬운 마음에 영원히 녹지 않는 눈 결정체를 만들어 보았답니다. 어떤가요? 아이 마음을 환하게 비춰 줄 것 같지 않나요?

놀이 목표 눈 결정체 모양에 관심을 가져요. 색채 감각을 길러요.
놀이 준비 눈 결정 모양의 슈링클스 필름, 색연필, 고리

 연계 그림책

《꽃이 온다》 양소이 글·그림, 그림책향

유성 마커나 크레파스는 오븐에 구우면 안 좋은 냄새가 날 수 있어요.

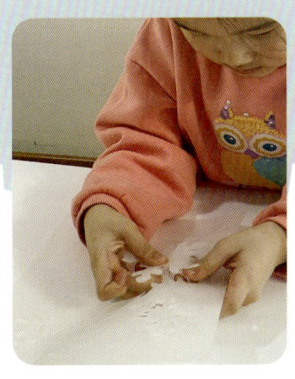

1 슈링클스 필름에서 눈 결정 모양을 조심조심 뜯어내요.

2 거칠거칠한 면에 색연필로 색칠해요.

3 180~200°C로 예열한 오븐에 넣고 10~15초 구워요.

책처럼 무겁고 평평한 물체로 누르며 식히면 좋아요.

4 수축된 눈 결정을 꺼내서 식혀요.

5 고리를 끼워요.

6 눈 결정 고리를 완성해요.

 슈링클스는 어떻게 크기만 작아지나요?

슈링클스의 재료인 '열가소성 플라스틱'은 일정 온도 이상 열을 가하면 녹지만, 원래 모양으로 돌아가는 성질을 지니고 있어요. 그래서 가열하더라도 모양은 유지하면서 크기만 작아지는 것이랍니다.

겨울 26 솜이 퐁퐁 피어나는 꽃

겨울나무의 가지에 동글동글 뭉쳐서 매달린 눈은 꼭 목화꽃처럼 보이지요. 목화 열매가 다 익으면 여러 쪽으로 갈라지면서 하얀 솜털이 몽글몽글하게 솟아나는데, 꽃을 피워 내는 것 같아요. 그래서 흔히들 목화꽃으로 부르지만 실은 열매랍니다. 이 솜털로 따뜻한 이불 솜도 만들고, 편안한 옷도 만들지요. 집에 솜이 있다면 둥글게 뭉치고 나뭇가지와 낙엽을 붙여서 목화꽃을 만들어 보세요. 진짜 멋지답니다.

놀이 목표 목화에 관심을 가져요. 미적 감수성을 길러요.

놀이 준비 나뭇가지, 마른 잎, 둥근 솜, 목공풀

 연계 그림책

《구름꽃》 문명예 글·그림, 재능교육
《목화 할머니》
김바다 글/이형진 그림, 봄봄출판사
《그러니까 내 말은》
가지꽃 글·그림, 여유당

1 둥근 솜 4개를 모아 목공풀로 붙여서 목화꽃을 만들어요.

2 나뭇가지와 마른 잎, 목화꽃을 준비해요.

3 목화꽃을 나뭇가지에 붙여요.

4 목화꽃 주위에 마른 잎을 붙여서 껍질을 표현해요.

5 목화꽃 가지를 완성해요.

겨울 27 구멍 송송 연근 도장

연근을 연꽃의 뿌리로 알고 있는 경우가 많은데, 사실은 길쭉한 몸통에 마디가 있는 땅속줄기랍니다. 연근 반찬을 좋아하지 않는 아이라도 하얀 속살에 구멍이 송송 뚫린 생김새를 보여 주면 그 특이한 모습에 금방 흥미를 갖게 되지요. 무르지 않고 단단해 도장을 찍기에도 적당하답니다. 연근 도장 놀이로 나비나 무당벌레의 무늬를 표현해 보세요. 아이는 어느새 연근 반찬도 좋아하게 될 거예요.

놀이 목표 연근을 오감으로 탐색해요. 소근육 및 눈과 손의 협응력을 길러요.

놀이 준비 연근, 물감, 접시(또는 팔레트), 붓, 색연필, 연근 도장 놀이 도안

연계 그림책

《연근아, 돌아와!》
도모리 시루코 글/스케랏코 그림, 내일도맑음

《땅속 보물을 찾아라!》
김영진 글/김이주 그림, 꿈터

1 연근을 잘라서 단면을 탐색해요.

2 접시에 물감을 짜고 연근의 단면에 물감을 묻혀요.

3 나비 도안에 연근 도장을 찍어서 날개를 표현해요.

4 무당벌레 도안에 연근 도장을 찍어서 딱지날개를 표현해요.

5 그림이 마르면 도안의 연근 구멍에 색칠해서 꾸며요.

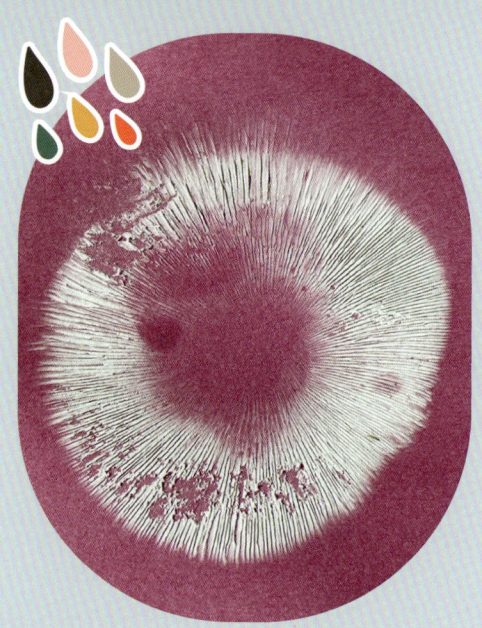

겨울 28 어떻게 생겼니? 버섯 포자문

버섯의 포자가 쌓여 생긴 무늬를 '포자문'이라고 해요. 어두운 종이에 버섯갓의 주름이 아래로 향하게 올려놓으면, 주름 사이의 포자가 종이에 떨어져요. 이때 종이에 생긴 무늬가 바로 포자문이랍니다. 포자문은 버섯의 종류에 따라 백색, 분홍색, 갈색, 적색, 회녹색 등의 고유한 색과 모양을 띠고 있어서 버섯의 지문이라고 불러요. 갓이 있는 버섯을 준비해 포자문을 관찰해 보세요!

놀이 목표 버섯의 번식 방법에 관심을 가져요. 관찰력과 집중력을 길러요.

놀이 준비 표고버섯, 어두운색 종이, 유리그릇

연계 그림책

《오래오래》 김상규 글·그림, 봄봄출판사
《버섯 팬클럽》 엘리즈 그라벨 글·그림, 씨드북
《이제 알겠지? 광대버섯》 안 크로자 글·그림, 시금치

싱싱한 버섯으로 준비해야 해요.

1 표고버섯의 기둥을 떼어요.

2 어두운색 종이 위에 버섯갓의 주름이 아래로 향하게 올려놓아요.

3 포자가 날아가지 않도록 유리그릇으로 덮어요.

4 하루가 지난 뒤, 유리그릇을 걷어 내요.

5 종이 위에 생긴 포자문을 관찰해요.

표고버섯의 포자는 흰색이라 어두운색 종이를 사용하고, 양송이버섯의 포자는 갈색이라 밝은색 종이를 사용하는 게 좋아요.

6 여러 종류의 버섯으로 포자문을 비교해 보세요.

겨울 29 쑤욱 쑥 자라는 표고버섯

우리 아이는 버섯 반찬을 즐겨 먹어요. 버섯 고유의 향과 식감을 좋아하죠. 집에서 직접 버섯을 키우면 아이가 흥미로워할 것 같아 키트를 준비했어요. 표고버섯은 영양소가 들어 있는 '배지(培地)'에서 길러요. 성장 과정이 눈에 보일 정도로 쑥쑥 자라고, 여러 번 수확할 수 있어서 아이들이 관찰하기에 좋답니다. 싱싱한 버섯 요리와 그 반찬을 먹는 아이들의 건강은 덤으로 따라오겠지요?

놀이 목표 버섯의 성장 과정에 관심을 가져요. 책임감과 성취감을 느껴요.

놀이 준비 표고버섯 키우기 키트, 분무기

연계 그림책

《숲 청소부 버섯》
김성호 글/한재희 그림, 비룡소

《냠냠 플라스틱》
이지 버크 글/펠린 터거트 그림, 계수나무

1 배지의 비닐을 벗기고, 배지를 관찰해요.

2 배지를 흐르는 물로 씻어요.

3 배지를 물에 푹 잠기게 10시간 이상 담가요.

버섯은 햇빛이 직접 닿지 않는 실내에서 키워요.

4 물을 따라 버리고 하루에 5~10회 이상 분무기로 물을 주세요.

5 3~4일이 흘러 버섯이 많이 자라면 버섯을 솎아 내요.

칼이나 가위를 사용하지 않고 깨끗한 손으로 밑동을 잡고 떼어요.

6 7~10일이 흘러 적당한 크기로 자란 버섯을 수확해요.

겨울 30 길러는 봤니? 느타리버섯

숲에서 자라는 버섯을 식물로 오해하는 경우가 많지만, 버섯은 곰팡이나 효소 같은 미생물로 균류에 속해요. 균류를 먹는다니 어째 좀 꺼림칙한가요? 버섯은 고단백 저칼로리 식품으로 미네랄, 항산화 성분이 풍부하답니다. 마트에서 흔히 접하는 느타리버섯은 촉감이 부드러우며 맛과 향이 좋아요. 아이들이 집에서 키우기도 쉬워서, 책임감과 성취감을 느낄 수 있지요.

놀이 목표 버섯의 성장 과정에 관심을 가져요. 책임감과 성취감을 느껴요.

놀이 준비 느타리버섯 키우기 키트, 숟가락, 분무기

연계 그림책

《숲은 살아 있다》
은미향 글·그림, 북극곰

《버섯 먹고 맴맴》
윤구병 글/이주용 그림, 보리

1 숟가락으로 배지의 겉면을 약 2cm 정도 걷어 주세요.

2 100원짜리 동전 크기로 배지 아래까지 구멍을 파요.

3 약 100mL의 물을 배지에 붓고, 30분 뒤에 물을 따라 버려요.

4 하루 1~2회 정도 분무기로 물을 주며 버섯을 길러요.

버섯을 잡고 상하좌우로 흔들면 버섯이 쏙 빠져요.

5 버섯 갓이 500원짜리 동전 크기가 되면 수확해요.

겨울 31 쑥쑥 자라는 키다리 콩나물

겨울엔 추운 날씨 때문에 자연을 접할 기회가 많지 않아요. 그럴 때 실내에서 식물을 키워 보는 건 어떨까요? 그중 콩나물은 아이들이 키우기에도 어렵지 않답니다. 약콩(쥐눈이콩), 서리태, 대두 등을 불려서 물이 잘 빠지는 채반 위에 놓아요. 빛을 차단하고 물을 잘 주면 하루가 다르게 쑥쑥 자라는 걸 관찰할 수 있답니다. 다 키워 수확하면 반찬으로 만들 수도 있어 아이들에게 좋은 경험이 될 거예요.

놀이 목표 식물이 자라나는 과정을 관찰해요. 책임감과 성취감을 느껴요.

놀이 준비 콩나물 키우기 키트, 콩

 연계 그림책

《콩나물》 정은선 글·그림, 반달
《콩 풋콩 콩나물》
고야 스스무 글/나카지마 무쓰코 그림, 시금치

1 콩을 깨끗이 씻어요.

2 미지근한 물에 콩을 불려요.

콩이 서로 붙으면 상할 수 있어요.

3 채반 위에 불린 콩을 올려서 잘 펼쳐요.

콩나물 머리가 노랗게 키우려면 빛이 들어가지 않도록 해요.

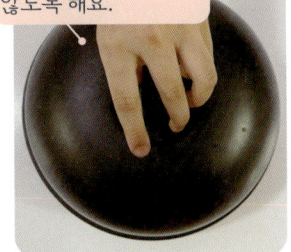

4 뚜껑을 덮고 하루 4~5번 물을 줘요.

5 약 일주일 흐르면 콩나물이 쑤욱 자라요.

6 직접 기른 콩나물을 다듬어 반찬을 만들어 보세요.

겨울 32 좀 더 특별한 크리스마스트리

성탄절이 있는 12월이면 월초부터 크리스마스트리를 설치하고 다양한 장식품을 매달며 아이부터 어른까지 설레어 하지요. 시중에 파는 장식품도 좋지만, 아이들과 함께 자연물로 직접 만들어 보세요. 크리스마스트리에 자연물 장식품을 걸며 산타 할아버지로부터 어떤 선물을 받고 싶은지도 얘기 나눠 보세요. 아이들의 순수한 동심이 다시 한 번 설렘으로 차오르며 좀 더 특별한 크리스마스로 기억되겠지요?

놀이 목표 크리스마스트리를 스스로 준비해요. 창의력과 심미감을 길러요.

놀이 준비
- 공통 다양한 자연물(나뭇가지, 솔방울, 열매 등), 끈이나 털실, 글루건
- 놀이1 투명 플라스틱 장식볼, 솜 놀이2 폼폼 놀이3 플라스틱 눈알, 빨간 단추
- 놀이4 반짝이 가루, 목공풀, 붓 놀이5 폼폼, 스팽글, 스티커

 연계 그림책

《아기 다람쥐의 크리스마스》
도요후쿠 마키코 글·그림, 천개의바람

《오늘은 크리스마스》
피터 스피어 글·그림, 비룡소

《뒤죽박죽 산타 마을》
임선아 글/유명금 그림, 맑은물

놀이1 자연물 장식볼

1 투명 플라스틱 장식볼을 준비해요.

2 솜을 조금 떼어 낸 후 솜 위에 자연물을 올려요.

3 자연물을 얹은 솜을 장식볼 안에 넣은 뒤, 뚜껑을 닫아요.

4 장식볼에 끈을 매달아요.

5 다양한 자연물을 넣어 트리 장식품을 만들어요.

6 솜 없이 자연물만 넣어도 좋아요.

놀이2 알록달록 솔방울

1 솔방울 사이사이에 작은 폼폼을 끼워요.

2 털실로 고리를 만들어 글루건으로 붙여요.

놀이3 나뭇가지 루돌프

털실로 고리도 만들어 주세요.

나뭇가지로 루돌프 모양을 만든 다음, 플라스틱 눈알과 빨간 단추로 꾸며요.

놀이4 반짝이는 별

붓으로 목공풀을 바르면 편해요.

1 나뭇가지를 글루건으로 붙여 별이나 눈꽃 모양을 만들고, 털실로 고리도 만들어 붙여요.

2 나뭇가지에 목공풀을 바른 뒤, 반짝이 가루를 뿌려요.

3 목공풀이 마르면 반짝이 가루를 잘 털어 내요.

놀이5 나뭇가지 트리

1 나뭇가지를 글루건으로 붙여 트리 모양으로 만든 뒤, 털실을 감아요.

2 폼폼이나 스팽글을 붙여 꾸미고, 털실로 고리를 만들어 붙여요.

3 나뭇가지를 줄줄이 이어 붙여 만들어도 좋아요.

겨울 33 · 잣나무 솔방울 리스

주변에서 쉽게 볼 수 있는 나무 중에 스트로브 잣나무가 있어요. 스트로브 잣나무의 솔방울을 줍다 보면 끈적끈적한 흰색 물감 같은 것이 묻어 있어요. 수피(나무껍질)에 흐르는 흰색 액체가 솔방울에 묻은 거지요. 그런데 솔방울에 잣이 들어 있지는 않아요. 오늘은 스트로브 잣나무의 솔방울로 리스를 만들어 볼게요. 솔방울이 길고 커서 줄줄이 이어 놓으면 제법 근사한 리스가 만들어진답니다.

놀이 목표 자연의 아름다움을 발견해요. 생태 감수성을 키워요.

놀이 준비 스트로브 잣나무 솔방울과 다양한 자연물, 상자, 가위, 커터칼, 목공풀, 리본

연계 그림책

《어쩌다 산타》 박성익 글·그림, 책읽는곰
《두더지 아줌마의 크리스마스 선물》 민정영 글·그림, 비룡소
《졸려 졸려 크리스마스》 타카하시 카즈에 글·그림, 천개의바람

1 스트로브 잣나무 솔방울과 다양한 자연물을 준비해요.

2 상자를 리스 모양으로 잘라서 리스틀을 준비해요.

3 리스틀 위에 목공풀을 바르고 솔방울을 붙여요.

4 솔방울 주변을 자연물로 꾸민 후, 리본을 붙여요.

5 목공풀이 마르면 벽이나 크리스마스 트리에 걸어 장식해요.

겨울 34 눈 놀이, 어디까지 해 봤니?

눈이 내리고 난 세상은 아이들에게 가장 재미있는 놀이터가 됩니다. 온통 새하얗게 변해 버린 세상에선 거의 모든 것이 관찰 대상이 되고, 특별한 도구 없이도 신나게 놀 수 있지요. 웬만한 추위쯤은 잊을 수 있답니다. 그동안 아이들과 겨울 왕국에서 함께하던 무궁무진한 눈 놀이를 소개할게요. 눈 위에서 신나게 놀려면 방수가 되는 옷과 장갑은 잊지 말고 챙겨 주세요!

놀이 목표 눈을 오감으로 탐색해요. 상상력과 창의력을 길러요.

놀이 준비 다양한 자연물, 물감, 스포이트, 눈썰매, 눈 뭉치 제조기 모래놀이 장난감, 쿠키커터 등

 연계 그림책

《눈 온다!》 우은선 글/이준선 그림, 걸음동무
《온 세상이 하얗게》 이석구 글·그림, 고래이야기
《소복소복》 차재혁 글/최은영 그림, 노란상상

놀이1 발자국 놀이

하얀 눈에 발자국을 남겨요. 발자국을 서로 비교하고, 동물 발자국도 찾아보세요.

놀이2 눈 뭉치기

눈을 손으로도 뭉치고, 눈 뭉치 제조기로 다양한 모양으로도 만들어 보세요.

놀이3 눈 폭탄

눈이 내려앉은 겨울나무를 흔들면 눈 폭탄을 경험할 수 있어요.

놀이4 눈 위에 그림 그리기

눈은 자연이 만든 도화지예요. 눈 위에 나뭇가지로 그림을 그려 보세요.

물감과 스포이트를 준비하면 알록달록한 그림도 그릴 수 있어요.

놀이5 과녁 놀이

눈 위에 과녁을 그린 다음, 솔방울을 던져 넣어요.

과녁에 눈덩이를 굴려 넣어도 재밌어요.

놀이6 눈썰매 타기

아빠 루돌프가 끌어 주는 눈썰매가 세상에서 가장 재밌어요.

놀이7 눈 케이크

1 그릇에 눈을 꾹꾹 눌러 담아요.

2 그대로 눈 위에 엎어요.

3 다양한 자연물로 케이크를 토핑해요.

4 물감과 스포이트로 알록달록하게 꾸며도 좋아요.

놀이8 모양 찍기

쿠키 커터나 모래놀이 장난감으로 눈 위에 모양을 찍어 보세요.

놀이9 눈사람 만들기

눈사람을 만들고, 다양한 자연물을
활용해 꾸며 보세요.

물감과 스포이트로
알록달록하게 꾸며도
좋아요.

놀이10 아슬아슬 눈 탑 쌓기

모래놀이 장난감의 바스켓을
이용해 눈 탑을 높이 쌓아 보세요.

놀이11 눈 천사

눈 위에 누워 팔과 다리를 움직여요.
천사가 눈 앞에 있네요!

놀이12 나무에 그린 눈 그림

나무 기둥을 도화지 삼아
그림을 그려 보세요.

겨울 35 엉금엉금 호두 등딱지 거북

호두 껍데기는 아주 단단해요. 여러 가지 무늬도 있지요. 호두 껍데기를 자세히 살펴본 아이가 거북이 등딱지를 떠올렸어요. 거북이의 등딱지는 자기 몸을 보호할 수 있도록 먼 옛날부터 뼈가 진화되어 만들어진 거랍니다. 아무리 느린 거북이라도 위험을 느끼는 순간, 머리와 네 다리를 딱딱한 등딱지 안으로 재빨리 숨기죠. 호두 껍데기와 점토를 재료로 아이만의 귀여운 거북이를 만들어 보세요.

놀이 목표 호두를 탐색해요. 창의력과 상상력을 길러요.

놀이 준비 호두 껍데기, 점토, 플라스틱 눈알, 큐빅 스티커

 연계 그림책

《상자 거북》
바네사 로더 글·그림, 국민서관

《깡통에 구멍을 뚫어》
우은선 글/이준선 그림, 걸음동무

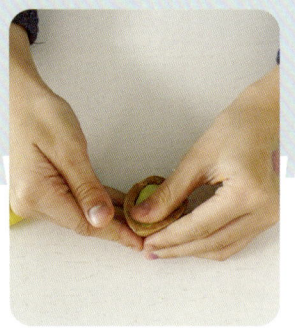

1 호두 껍데기의 안쪽을 점토로 채워요.

2 점토로 거북의 머리와 다리, 꼬리를 만들어 붙여요.

3 거북의 머리에 플라스틱 눈알을 붙여요.

4 큐빅 스티커로 거북의 등껍질을 꾸며도 좋아요.

5 호두를 매직이나 아크릴 물감으로 색칠해 알록달록한 등딱지를 표현할 수 있어요.

6 호두 등딱지 거북을 완성해요.

겨울 36 견과류 껍데기 인형

대보름은 음력으로 한 해의 첫째 달 보름날을 말해요. 이날 귀밝이술을 마시고, 오곡밥을 먹으며, '부럼 깨물기'를 한답니다. 부럼은 대보름 새벽에 깨물어 먹는 잣, 밤, 호두, 땅콩 같은 딱딱한 견과류를 뜻해요. 부럼을 깨물면 한 해 동안 부스럼이 생기지 않는다고 하죠. 대보름날, 아이와 부럼을 깨물며 우리 풍속에 대해 얘기를 나눠 보는 건 어떨까요? 남은 껍데기로는 점토 인형, 손가락 인형도 만들어 보세요.

놀이 목표 우리나라 세시 풍속에 관심을 가져요. 창의력과 의사소통 능력을 길러요.

놀이 준비 　공통　 견과류 껍질　 놀이1　 네임펜　 놀이2　 점토, 플라스틱 눈알, 목공풀

연계 그림책

《혼자가 좋을까? 둘이 좋을까?》
김다영/오은지 글·그림, 주니어이서원

《우주로 간 김땅콩》
윤지회 글·그림, 사계절

놀이1 손가락 인형

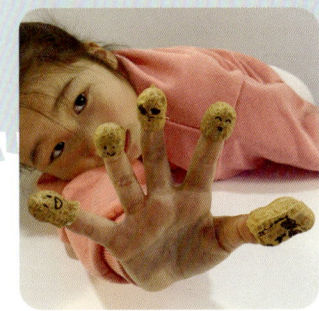

1 땅콩 껍데기에 네임펜으로 얼굴을 그려요.

2 땅콩 껍데기를 손가락에 끼우고 재미있게 놀아요.

놀이2 점토 인형

1 견과류의 껍질과 다양한 크기의 눈알을 준비해요.

껍데기가 깨진 모양에 따라 자유롭게 만들어 주세요.

2 호두 껍데기에 점토를 채워 넣고 플라스틱 눈알을 붙여 인형 얼굴을 만들어요.

3 몸통도 점토로 만들어요.

4 땅콩 껍데기를 신발로 만들어도 재미있어요.

겨울 37 두둥실 둥실 호두 돛단배

체코인들은 크리스마스가 되면 호두 껍데기 반쪽에 작은 양초를 붙이고 세면대나 욕조에 띄워 앞날을 점쳤다고 해요. 재밌게도, 배가 가장자리에서 멀어지면 그 사람은 1년 안에 여행을 떠나게 될 거라고 여겼답니다. 우리도 호두 껍데기로 배를 만들었어요. 입으로 "후후!" 불어 움직여 보기도 하고, 호두 배를 타고 여행하는 상상을 하기도 했답니다. 자, 어디로 떠나고 싶으신가요? 마음껏 꿈꾸어 보세요.

놀이 목표 다른 나라 세시 풍속에 관심을 가져요. 호두 껍데기를 탐색해요.

놀이 준비 호두 껍데기, 점토, 이쑤시개, 종이(색종이, 크라프트지, A4용지 등) 테이프, 놀이 트레이

 **연계 그림책**

《작은 배》
캐시 핸더슨 글/패트릭 벤슨 그림, 보림

《호두 한 알 속에는》
다카오 유코 글·그림, 토토북

1 호두 껍데기를 탐색해요.

플레이 도우나 찰흙은 무거우니 가벼운 점토(클레이, 천사 점토)를 준비해요.

2 호두 껍데기에 점토를 채워요.

3 점토에 이쑤시개를 꽂아서 돛대를 만들어요.

돛이 너무 크면 무게중심을 잃어 호두 배가 넘어질 수 있어요.

4 종이를 자유롭게 잘라 돛을 만들고, 돛대에 붙여요.

5 놀이 트레이에 물을 받아서 호두 배를 띄워요.

6 입으로 후후 불어 호두 배를 움직여요.

겨울 38 하트 나무로 고백해요

해마다 2월 14일은 밸런타인데이랍니다. 이날은 로마 황제의 명령을 어기고 연인들을 비밀리에 결혼시킨 성 발렌티누스의 순교를 기념한 날이었어요. 그러던 것이 초콜릿을 선물하며 연인들끼리 마음을 고백하는 날이 되었고, 요즘은 연인이 아니어도 서로 사랑을 전하는 날로 변하고 있답니다. 오늘은 아이와 함께 선생님께 드릴 선물을 만들었어요. 하트가 뿅뿅 열린 나무라니, 너무 낭만적이지 않나요?

놀이 목표 사랑하는 마음을 다양한 방법으로 표현해요. 소근육 및 눈과 손의 협응력을 길러요.

놀이 준비 나뭇가지, 케이크 받침, 점토, 색종이, 가위, 연필, 목공풀

 연계 그림책

《모모와 토토 하트 하트》
김슬기 글·그림, 보림

《사랑한다는 말》
아니카 알다무이 데니즈 글
/루시 루스 커민스 그림, 북뱅크

1 케이크 받침 위에 점토를 올리고 나뭇가지를 적당한 길이로 잘라 준비해요.

2 점토에 나뭇가지를 꽂아요.

3 색종이를 준비해요.

4 색종이를 두 번 접어 1/4 크기로 만들어요.

5 하트 모양을 그린 다음, 선을 따라 잘라요.

6 하트 모양을 목공풀로 나뭇가지에 붙여서 완성해요.

자연 속에서 창의성과 감수성이 풍부해지는
세상에서 제일 위대한 사계절 자연물 놀이
ⓒ헬로숲 박채원, 이아영 지음

초판1쇄 발행 2024년 7월 27일
초판2쇄 발행 2025년 3월 18일

지은이 헬로숲 박채원, 이아영

펴낸이 김재룡
펴낸곳 도서출판 슬로래빗

출판등록 2014년 7월 15일 제25100-2014-000043호
주소 (04790) 서울시 성동구 성수일로 99 서울숲AK밸리 1501호
전화 02-6224-6779
팩스 02-6442-0859
e-mail slowrabbitco@naver.com
인스타그램 instagram.com/slowrabbitco

기획 강보경   **편집** 김가인   **디자인** 변영은 miyo_b@naver.com

값 16,000원
ISBN 979-11-93910-02-3 13590

- 잘못된 책은 구입하신 곳에서 바꾸어 드립니다.
- 저자와 출판사의 허락 없이 내용의 일부를 인용, 발췌하는 것을 금합니다.
- 슬로래빗은 독자 여러분의 다양하고 참신한 원고를 항상 기다리고 있습니다. 보내실 곳 slowrabbitco@naver.com